危险货物道路运输培训丛书

危险货物道路运输从业人员培训教材

（第3版）

严 季 ◎ 主编

人民交通出版社股份有限公司

北京

内 容 提 要

本书根据交通运输部印发的《道路危险货物运输从业人员从业资格考试大纲、培训教学大纲和培训教学计划的通知》(交办运〔2014〕131号)及相关法规标准要求编写而成,包含爆炸品和剧毒化学品相关知识,是危险货物道路运输培训丛书之一。内容具体分为三篇,包括基础知识篇、业务知识篇、爆炸品和剧毒化学品篇。

本书为危险货物道路运输从业人员培训教材,也可作为各级危险货物道路运输管理人员依法行政,科学、规范执法的实用手册。

图书在版编目(CIP)数据

危险货物道路运输从业人员培训教材/严季主编. —3版. —北京:人民交通出版社股份有限公司,2020.8

(危险货物道路运输培训丛书)

ISBN 978-7-114-16610-5

Ⅰ.①危… Ⅱ.①严… Ⅲ.①公路运输—危险货物运输—技术培训—教材 Ⅳ.①U492.8

中国版本图书馆 CIP 数据核字(2020)第093951号

危险货物道路运输培训丛书
Weixian Huowu Daolu Yunshu Congye Renyuan Peixun Jiaocai

书　　名:	危险货物道路运输从业人员培训教材(第3版)
著 作 者:	严　季
策划编辑:	董　倩　范才彬
责任编辑:	董　倩　张　琼
责任校对:	孙国靖　龙　雪
责任印制:	刘高彤
出版发行:	人民交通出版社股份有限公司
地　　址:	(100011)北京市朝阳区安定门外外馆斜街3号
网　　址:	http://www.ccpcl.com.cn
销售电话:	(010) 59757973
总 经 销:	人民交通出版社股份有限公司发行部
经　　销:	各地新华书店
印　　刷:	北京印匠彩色印刷有限公司
开　　本:	787×1092　1/16
印　　张:	11.5
字　　数:	257千
版　　次:	2014年4月　第1版　2017年5月　第2版　2020年7月　第3版
印　　次:	2024年1月　第3版　第9次印刷　总第39次印刷
书　　号:	ISBN 978-7-114-16610-5
定　　价:	48.00元

(有印刷、装订质量问题的图书由本公司负责调换)

前言 PREFACE

随着国民经济建设的快速发展，各行各业对危险货物的需求不断增加，通过道路运输的危险货物种类、数量均不断增长。据不完全统计，截至2020年底，我国危险货物道路运输业户近1.3万户，危险货物道路运输车辆有39.2万辆，驾驶人员为77.6万人、押运人员为79.8万人、装卸管理人员为5.5万人。

危险货物种类繁多、用途广泛，在促进经济社会发展，提高我们生活质量的同时，也对人类的安全、健康及我们赖以生存的环境构成了严峻挑战。尤其是在日益复杂的交通环境下，一旦承运这些具有易燃、易爆、腐蚀、毒害等特性的危险货物的道路运输车辆发生事故，就会对人民的生命财产和自然环境造成严重的危害。因此，必须要求危险货物道路运输的从业人员了解危险货物的基本知识，掌握所从事职业的相关技能，严格执行国家法律、法规对危险货物道路运输从业人员培训的明确要求，切实做到"安全第一、预防为主"。

2014年4月，交通运输部发布了《交通运输部办公厅关于印发道路危险货物运输从业人员从业资格考试大纲、培训教学大纲和培训教学计划的通知》（交办运〔2014〕131号）和《交通运输部办公厅关于发布道路危险货物运输从业人员从业资格考试题库的通知》（交办运函〔2015〕288号），编者先后根据考试和培训大纲编写出版了《道路危险货物运输从业人员培训教材》（2005年版）、《危险货物道路运输从业人员培训教材》（基础篇）、《危险货物道路运输从业人员培训教材》（爆炸品、剧毒化学品篇）和《危险货物道路运输从业人员培训教材》（第二版）。随着新的行业管理政策与标准规范的出台和发布，以及新的科学技术的应用和读者的要求，编者再次对以上教材进行修订，形成《危险货物道路运输从业人员培训教材》（第3版）（以下简称《教材》）。《教材》按照考试大纲要求，将爆炸品、剧毒化学品道路运输相关内容融入其中，并解答了危险货物道路运输从业人员实际培训中存在的问题，内容逻辑性、针对性更强，更通俗易懂，更符合从业人员学习和培训的规律。同时，进一步完善了模拟题库，并以二维码的形式扩展试题练习。

本书由严季担任主编，由晏远春、杨开贵、沈民担任副主编，参加本书编写的还有沈小燕、张静源、胡海平、孔方桂、张小建、程国华、张玉玲、刘辉、常连玉。

由于作者水平有限，加之时间仓促，书中难免有不妥之处，敬请有关专家、学者和从事危险货物道路运输的工作者批评指正，以便完善。

编　者
2020 年 4 月

第一篇 基础知识篇

- 第一章 危险货物的基本知识 ··· 3
  - 第一节 危险货物的定义和分类 ··································· 3
  - 第二节 《危险货物品名表》的结构和作用 ······················· 5
  - 第三节 危险货物道路运输管理与豁免 ····························· 8
- 第二章 常见危险货物的分类及相关特性 ····························· 10
  - 第一节 第2类 气体 ·· 10
  - 第二节 第3类 易燃液体 ··· 13
  - 第三节 第4类 易燃固体、易于自燃的物质、遇水放出易燃气体的物质 ······ 15
  - 第四节 第5类 氧化性物质和有机过氧化物 ····················· 18
  - 第五节 第6类 毒性物质和感染性物质 ·························· 19
  - 第六节 第8类 腐蚀性物质 ······································ 21
  - 第七节 第9类 杂项危险物质和物品,包括危害环境物质 ········ 23
- 第三章 危险货物道路运输包装常识 ·································· 27
  - 第一节 危险货物道路运输包装作用 ······························ 27
  - 第二节 危险货物道路运输包装要求 ······························ 27
  - 第三节 危险货物道路运输包装分类 ······························ 32
  - 第四节 危险货物道路运输包装标志 ······························ 39
- 第四章 危险货物道路运输车辆技术要求 ····························· 44
  - 第一节 危险货物道路运输车辆技术条件 ·························· 44
  - 第二节 危险货物道路运输车辆适装要求 ·························· 46
- 第五章 危险货物道路运输法规及标准 ································ 55
  - 第一节 危险货物道路运输法规 ··································· 55
  - 第二节 危险货物道路运输技术标准 ······························ 69

第二篇 业务知识篇

第一章 危险货物道路运输从业人员职业道德 ... 81
第一节 危险货物道路运输从业人员职业道德的基本要求 ... 81
第二节 危险货物道路运输从业人员职业道德的主要内容 ... 82

第二章 危险货物道路运输驾驶人员基本要求与操作规范 ... 85
第一节 危险货物道路运输驾驶人员基本要求 ... 85
第二节 危险货物道路运输驾驶人员操作规范 ... 87

第三章 危险货物道路运输押运人员基本要求与操作规范 ... 91
第一节 危险货物道路运输押运人员基本要求 ... 91
第二节 危险货物道路运输押运人员操作规范 ... 92
第三节 各类危险货物道路运输的押运要求 ... 95

第四章 危险货物道路运输装卸管理人员基本要求与操作规范 ... 102
第一节 危险货物道路运输装卸管理人员基本要求 ... 102
第二节 危险货物道路运输装卸管理人员操作规范 ... 103

第五章 危险货物道路运输安全意识及安全行车 ... 106
第一节 危险货物道路运输安全驾驶 ... 106
第二节 危险货物道路运输危险源辨识与防御性驾驶 ... 107

第六章 危险货物道路运输安全及事故应急处置 ... 119
第一节 气体道路运输安全及事故应急处置 ... 119
第二节 易燃液体道路运输安全及事故应急处置 ... 120
第三节 易燃固体、易于自燃的物质、遇水放出易燃气体的物质道路运输安全及事故应急处置 ... 121
第四节 氧化性物质和有机过氧化物道路运输安全及事故应急处置 ... 123
第五节 毒性物质和感染性物质道路运输安全及事故应急处置 ... 124
第六节 腐蚀性物质道路运输安全及事故应急处置 ... 125
第七节 杂项危险物质和物品道路运输安全及事故应急处置 ... 126

第三篇 爆炸品和剧毒化学品篇

第一章 爆炸品道路运输 ... 129
第一节 爆炸品的定义、特性和分类 ... 129
第二节 爆炸品道路运输车辆要求 ... 135
第三节 爆炸品道路运输安全及应急处置 ... 141

第二章 剧毒化学品道路运输 ... 153
第一节 剧毒化学品的定义和特性 ... 153

第二节　剧毒化学品道路运输车辆要求 …………………………………………… 157

第三节　剧毒化学品运输安全及应急处置 …………………………………………… 159

附　　录

剧毒化学品目录（2015 年版） …………………………………………………………… 169

第一篇 基础知识篇

根据培训和考核大纲要求,危险货物道路运输从业人员应掌握常见危险货物的分类和相关特性,危险货物道路运输包装常识、车辆基本要求和相关法律、法规常识。

本篇是危险货物道路运输从业人员应该了解或熟悉的基本知识,主要涉及危险货物的定义、分类、包装、车辆技术及相关的法规标准等知识。

第一章　危险货物的基本知识

本章主要介绍危险货物的基本知识,包括危险货物的定义和分类,《危险货物品名表》的结构和作用,以及危险货物道路运输豁免的相关规定。

第一节　危险货物的定义和分类

本节以《危险货物分类和品名编号》(GB 6944—2012)和《危险货物品名表》(GB 12268—2012)为依据❶,介绍危险货物的定义和分类。

一、危险货物的定义

1. 危险货物定性表述

危险货物(也称危险物品或危险品)是指"具有爆炸、易燃、毒害、感染、腐蚀、放射性等危险特性,在运输、储存、生产、经营、使用和处置中,容易造成人身伤亡、财产损毁或环境污染而需要特别防护的物质和物品"。该定义是对危险货物的定性表述,强调了对危险货物的性质、危险后果及特别防护三方面的要求:

(1)具有爆炸、易燃、毒害、感染、腐蚀、放射性等危险特性。指明了危险货物的特殊性质是造成火灾、灼伤、中毒等事故的重要因素。

(2)容易造成人身伤亡、财产损毁或环境污染等危险后果。指出了危险货物在一定条件下,由于受热、明火、摩擦、振动、撞击、洒漏或与性质相抵触物品接触等,会发生化学变化,产生危险效应。

(3)在运输、储存、生产、经营、使用和处置中需要特别防护。这里所说的"特别防护",不仅指运输普通货物必须做到的轻拿轻放、谨防明火,而且包括针对各种危险货物本身的特性必须采取的"特别"防护措施。例如,有的爆炸品需添加抑制剂,有的有机过氧化物需控制环境温度。大多数危险货物的包装和配载都有特定的要求。

以上三方面要求缺一则不属于危险货物。

2. 危险货物定量表述

危险货物的定量表述,即如何确定货物属于危险货物。根据《道路危险货物运输管理规定》(交通运输部令 2019 年第 42 号)第三条规定"危险货物以列入国家标准《危险货物品名表》(GB 12268)的为准",凡是《危险货物品名表》(GB 12268)列名的货物,均为危险货物。

---

❶标准以最新年号(版)为准,今后这两个标准如有修订,将以最新版文件为准。

二、危险货物的分类、品名及编号

1. 危险货物的分类

危险货物种类繁多,特性各异,为了保证储运安全,有必要根据其主要特性进行分类。

《危险货物分类和品名编号》(GB 6944)4.1.1"类别和项别"明确了"按危险货物具有的危险性或最主要的危险性分为9个类别。第1类、第2类、第4类、第5类和第6类再分成项别"。危险货物的类别和项别分列如下。

第1类:爆炸品。

 1.1项:有整体爆炸危险的物质和物品;

 1.2项:有进射危险,但无整体爆炸危险的物质和物品;

 1.3项:有燃烧危险并有局部爆炸危险或局部进射危险或这两种危险都有,但无整体爆炸危险的物质和物品;

 1.4项:不呈现重大危险的物质和物品;

 1.5项:有整体爆炸危险的非常不敏感物质;

 1.6项:无整体爆炸危险的极端不敏感物品。

第2类:气体。

 2.1项:易燃气体;

 2.2项:非易燃无毒气体;

 2.3项:毒性气体。

第3类:易燃液体。

第4类:易燃固体、易于自燃的物质、遇水放出易燃气体的物质。

 4.1项:易燃固体、自反应物质和固态退敏爆炸品;

 4.2项:易于自燃的物质;

 4.3项:遇水放出易燃气体的物质。

第5类:氧化性物质和有机过氧化物。

 5.1项:氧化性物质;

 5.2项:有机过氧化物。

第6类:毒性物质和感染性物质。

 6.1项:毒性物质;

 6.2项:感染性物质。

第7类:放射性物质。

第8类:腐蚀性物质。

第9类:杂项危险物质和物品,包括危害环境物质。

说明:第7类放射性物质不是本书研究内容,且第3类、第8类、第9类不再分项。危险货物类别和项别的号码顺序并不是危险程度的顺序。

2. 危险货物的品名及编号

《危险货物品名表》(GB 12268)规定,危险货物的品名编号采用联合国编号(UN 号),对应《危险货物品名表》中的"名称和说明"。

危险货物品名表的条目包括以下四类:

(1)"单一"条目适用于意义明确的物质或物品;

示例:UN 1090　丙酮

　　　UN 1194　亚硝酸乙酯溶液

(2)"类属"条目适用于意义明确的一组物质或物品;

示例:UN 1133　黏合剂,含易燃液体

　　　UN 1266　香料制品,含油易燃溶剂

　　　UN 2757　固态氨基计算值农药,毒性

　　　UN 3101　液态 B 型有机过氧化物

(3)"未另作规定的"特定条目适用于一组具有某一特定化学性质或特定技术性质的物质或物品;

示例:UN 1477　无机硝酸盐,未另作规定的

　　　UN 1987　醇类,未另作规定的

(4)"未另作规定的"一般条目适用于一组符合一个或多个类别或项别标准的物质或物品。

示例:UN 1325　有机易燃固体,未另作规定的

　　　UN 1993　易燃液体,未另作规定的

第二节　《危险货物品名表》的结构和作用

本节主要介绍《危险货物品名表》(GB 12268)中《危险货物品名表》的结构和作用。

一、《危险货物品名表》的结构

在我国,危险货物以列入国家标准《危险货物品名表》(GB 12268)的为准。其中《危险货物品名表》由联合国编号、名称和说明、英文名称、类别或项别、次要危险性、包装类别和特殊规定等 7 项组成,其具体样式见表 1-1-1。

《危险货物品名表》各栏的含义:

第 1 栏"联合国编号"——即危险货物编号,是根据联合国分类制度给危险货物划定的系列编号。

第 2 栏"名称和说明"——危险货物的中文正式名称,用黑体字(加上构成名称一部分的数字、希腊字母、另、特、间、正、邻、对等)表示;也可附加中文说明,用宋体字表示。(其中"%"符号代表:①如果是固体或液体混合物以及溶液和用液体湿润的固体,为根据混合物、

溶液或湿润固体的总质量计算的质量分数,单位为 10^{-2};②如果是压缩气体混合物,按压力装载时,用占气体混合物总体积的体积分数表示,单位为 10^{-2};或按质量装载时,用占混合物总质量的质量分数表示,单位为 10^{-2};③如果是液化气体混合物和加压溶解的气体,用占混合物总质量的质量分数表示,单位为 10^{-2}。)

《危险货物品名表》样式　　　　　　　　　表 1-1-1

联合国编号	名称和说明	英 文 名 称	类别或项别	次要危险性	包装类别	特殊规定
0004	苦味酸铵,干的,或湿的,按质量含水低于10%	AMMONILM PICRATE dry or wetted with less than 10% water, by mass	1.1D			
		……				
0016	发烟弹药,带有或不带起爆装置、发射剂或推进剂	AMMLNITION, SMOKE with or without burster, expelling charge or propelling charge	1.3G			204
0018	催泪弹药,带有起爆装置、发射剂或推进剂	AMMLNITION, TEAR-PRODUCING with burster, expelling charge or propelling charge	1.2G	6.18		

第 3 栏"英文名称"——危险货物的英文正式名称,用大写字母表示;附加说明用小写字母表示。

第 4 栏"类别或项别"——危险货物的主要危险性,其中第 1 类危险货物还包括其所属的配装组,危险货物的类别或项别以及爆炸品配装组划分按 GB 6944 确定。

第 5 栏"次要危险性"——除危险货物主要危险性以外的其他危险性的类别或项别,按 GB 6944 确定。

第 6 栏"包装类别"——按照联合国包装类别给危险货物划分的类别号码,按 GB 6944 确定。

第 7 栏"特殊规定"——与物品或物质有关的任何特殊规定,其适用于特定物质或物品的所有包装类别。特殊规定用数字代码表示,数字代码具体内容在《危险货物道路运输规则　第 3 部分:品名及运输要求索引》(JT/T 617.3)附录 B 中按数字顺序依次列出。如果第(6)列对应单元格为空,表示该行对应的危险货物没有特殊规定。

二、《危险货物品名表》的作用

《危险货物品名表》是从事危险货物运输作业的重要依据,危险货物运输各方从业人员从中可以获取各种有用的信息,用以确保危险货物运输、装卸作业的安全。另外,由于国家有关法规引用了《危险货物品名表》(GB 12268),故其具有法律效力,危险货物运输各方从业人员都必须严格遵守其各项规定。

1. 确定了危险货物的范围

首先,危险货物以列入《危险货物品名表》的为准;其次,由于《危险货物品名表》中列名的均为根据分类、试验等确定的危险货物,其必须按照《危险货物品名表》中相关要求进行运输。没有列名的货物有两种情况：一种是已知的排除在危险货物以外的普通货物；另一种是化工新产品，不能确定其是否属于危险货物或是属于哪一种类的危险货物。

2. 规定了危险货物的正式运输名称

化学物品的命名是一个非常复杂的问题。同一个物品有工业名称、商业名称、习惯名称、民俗简称、译名和学名等；同是译名，从英语、日语、俄语翻译过来又各不相同；同是学名，又有习惯命名法和系统命名原则之别。例如，氯苯，又称为氯化苯、一氯化苯、苯基氯。

危险货物名称的不统一将会给运输带来很大的隐患，如错误认定危险货物性质，进而造成货物包装、适用运输规定、注意事项、应急措施等一系列错误，甚至会导致灾难性事故。因此，必须按《危险货物品名表》上的正式运输名称（第2栏黑体字部分）来制作各种运输单据和凭证。

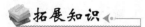

《危险货物品名表》(GB 12268—2012)的有关说明

《危险货物品名表》(GB 12268—2012)由中国国家标准化管理委员会于2012年5月11日修订发布，2012年12月1日实施，以代替原标准 GB 12268—2005。该标准采用《危险货物分类和品名编号》(GB 6944—2012)对危险货物的分类、定义和编号规定，把所能收集到的国际、国内危险货物品名，逐一分类、分项、编号，形成单独一册的品名表，便于查找。新标准对原标准的结构进行了调整和补充，删除了"备注"栏（即取消了危险货物的中国编号），增加了"特殊规定"栏。

《危险货物品名表》(GB 12268—2012)由中华人民共和国交通运输部提出，全国危险化学品管理标准化技术委员会(SAC/TC 251)归口。

1. 危险货物编号在国际上统一

鉴于《危险货物品名表》与联合国危险货物运输专家委员会❶《关于危险货物运输建议书 规章范本》（第16修订版）第3部分"危险货物一览表、特殊规定和例外"的技术内容一致，故可以认为我国《危险货物品名表》的有关内容是与国际接轨、一致的，符合世界各国进出口、国际贸易的基本要求。

2. 《危险货物品名表》中设有"未列名"项

目前，世界上存在的化学品超过1000余万种，日常使用的有700余万种，每年还会有千余种新化学品问世，随着化工生产的发展，新品种不断涌现，《危险货物品名表》上的列举不可能无遗漏。因此，《危险货物品名表》中设有"未列名"项，主要用于危险性质属于本类而品名表中未列名的危险货物。

---

❶ 为了保障危险货物运输安全，保证人民财产和环境安全，联合国经济社会理事会任命了一个危险货物运输专家委员会(UN Committee of Experts)，主要研究各种运输方式载运危险货物的国际问题。

第三节　危险货物道路运输管理与豁免

一、危险货物的运输管理

从危险货物自身来说,某些危险货物自身具有不稳定性,会产生各种不同的危险性,如爆炸品具有爆炸性、聚合性、遇热会分解出易燃、有毒、腐蚀或窒息性气体等。对于大多数危险货物,自身的不稳定性可以通过适合的包装、稀释、添加稳定剂、添加抑制剂、控制温度或采取其他特殊措施来控制,以达到运输要求。例如,添加抑制剂的正丁基乙烯(基)醚、经稀释或含量不大于27%的过氧化(二)丙酰都可以进行运输。

从运输管理方面来说,主要从承运人资质、车辆、设备、从业人员、运输、装卸等方面对运输危险货物进行管理。

(1)承运人资质要求。《危险化学品安全管理条例》(国务院令第591号)、《中华人民共和国道路运输条例》要求危险货物承运人必须经过资质认定,达到《道路危险货物运输管理规定》要求的资质条件。

(2)车辆、设备要求。车辆安全技术状况应符合《机动车运行安全技术条件》(GB 7258)的要求;车辆技术状况应达到一级车况标准;车辆应配置符合《道路运输危险货物车辆标志》(GB 13392)的标志;车辆应配置运行状态记录装置;易燃易爆危险货物运输车辆的排气管应安装隔热和熄灭火星装置,并配备导静电装置;车辆应有切断总电源和隔离电火花装置,切断总电源装置应安装在驾驶室内;装卸易燃易爆危险货物的机械和工属具应有消除火花的措施等。

《道路危险货物运输管理规定》明确规定:除铰接列车、具有特殊装置的大型物件运输专用车辆外,严禁使用货车列车装运危险货物;倾卸式车辆只准装运散装硫黄、萘饼、粗蒽、煤焦沥青等危险货物。

(3)从业人员要求。从业人员的素质、技术水平是决定运输安全的重要因素,所以国家对危险货物道路运输从业人员实行资格认定制度。从业人员必须通过所在地设区的市级人民政府交通运输主管部门的考核,领取从业资格证书后上岗作业。

(4)运输、装卸要求。我国对危险货物的运输、装卸等进行限制。例如,运输途中不得进入危险货物运输车辆禁止通行的区域;驾驶人员连续行车时间不得超过4小时,一天驾驶总时间不得超过8小时;装卸操作时要轻拿轻放,谨慎操作,严防跌落、摔碰、溢漏,禁止撞击、拖拉翻滚、投掷等。危险货物承运人、装卸人员必须严格按照规定进行作业。

二、危险货物的运输豁免

1. 根据工作实践提出的豁免

交通运输部根据危险货物道路运输安全管理的工作实践经验,提出了"分类管理"的原则,即突出重点、区别对待不同危险程度危险货物的道路运输,强化对危险性较高的危险货物的道路运输安全管理,弱化对对道路运输安全影响不大的危险货物的道路运输安全管理。这样不但加强了对危险性较高危险货物的重点监管力度,降低了行业监管成本,还有利于减少企业运输成本,提高运输效率,降低全社会的物流成本。

同时,考虑到现行使用的《危险货物品名表》(GB 12268)是适用于海运、航空、铁路等各种运输方式的,故在实际工作中也存在一些不符合道路运输实际情况的问题。如《危险货物品名表》(GB 12268)中潮湿棉花,在海运时装满船舱,由于长时间运输,一旦发生自燃就难以施救;而在道路上用载货汽车运输时,由于运输时间短、运量小,发生自燃的概率极小,即使发生自燃事故,也不会发展成重大事故,故其在道路运输时不应算作危险货物,但针对棉花的道路运输,要注意不可采用厢式货车运输,以防棉花自燃后,无法施救。

根据上述理念和工作实践,交通运输部制定《道路危险货物运输管理规定》时,一方面,加强了对剧毒化学品、爆炸品道路运输的管理,如从事剧毒化学品、爆炸品道路运输的驾驶人员、装卸管理人员、押运人员,应当取得注明为"剧毒化学品运输"或者"爆炸品运输"类别的从业资格;运输剧毒化学品、爆炸品的企业,其自有专用车辆应在 10 辆以上;另一方面,针对对道路运输安全影响不大的危险货物,提出了建立危险货物按普通货物道路运输的豁免制度;放宽了对危险货物中危害极小物品的运输要求,提出"交通运输部可以根据相关行业协会的申请,经组织专家论证后,统一公布可以按照普通货物实施道路运输管理的危险货物"的豁免办法。这是首次提出危险货物道路运输的豁免和申请豁免的办法。

说明:根据《道路危险货物运输管理规定》豁免的危险货物,仅适用道路运输环节,生产、包装、经营、储存、使用及其他运输方式等,仍应严格遵守《危险化学品安全管理条例》的有关规定。

2. 根据"特殊规定"的豁免

有的货物其品名虽然列在《危险货物品名表》中,但在一定的条件下,其危险性会降低到相当低的程度或可控制在很小的范围内,而在运输过程中不致造成人身伤亡和财产损毁,从方便运输、方便托运人的角度出发,可以将这些危险货物视作普通货物运输,称为危险货物运输的免除,又称危险货物豁免运输。

豁免分为全部豁免和限量豁免。《危险货物品名表》的第 7 栏是"特殊规定",其中有在道路运输环节将危险货物视为普通货物进行运输的"特殊规定",其主要涉及"全部豁免"。如"特殊规定"106 号规定"仅在空运时作为危险货物",117 号规定"仅在海运时作为危险货物",即上述危险货物在道路运输时可不作为危险货物,视为普通货物。

第二章 常见危险货物的分类及相关特性

本章以《危险货物分类和品名编号》(GB 6944)和《危险货物品名表》(GB 12268)为依据,详细介绍各类危险货物的基本概念和主要特性。

第一节 第2类 气体

一、气体的基本概念

危险货物第2类气体,是指满足下列条件之一的物质:

(1) 在50℃时,蒸气压力大于300kPa的物质。

(2) 20℃时在101.3kPa标准压力下完全是气态的物质。

危险货物第2类气体,包括压缩气体、液化气体、溶解气体、冷冻液化气体、一种或多种气体与一种或多种其他类别物质的蒸气混合物、充有气体的物品和气雾剂。

(1) 压缩气体是指在 -50℃下加压包装供运输时完全是气态的气体,包括临界温度小于或等于 -50℃的所有气体。如压缩天然气(Compressed Natural Gas, CNG)。

(2) 液化气体是指在温度大于 -50℃、加压包装供运输时部分是液态的气体,可分为:①高压液化气体:临界温度在 -50~60℃之间的气体;②低压液化气体:临界温度大于60℃的气体。如液化天然气(Liquefied Natural Gas, LNG)。

(3) 溶解气体是指加压包装供运输时溶解于液相溶剂中的气体。

(4) 冷冻液化气体是指包装供运输时由于其温度低而部分为液态的气体。

二、气体的分项

危险货物第2类包括易燃气体、非易燃无毒气体、毒性气体,分为3项。

1. 第2.1项:易燃气体

易燃气体包括在20℃和101.3kPa条件下满足下列条件之一的气体:

(1) 爆炸下限❶小于或等于13%的气体。

(2) 不论其爆燃性下限如何,其爆炸极限(燃烧范围)大于或等于12%的气体。

易燃气体泄漏时,遇明火、高温或光照,即会发生燃烧或爆炸。燃烧或爆炸后的生成物

---

❶ 爆炸下限是指可燃蒸气、气体或粉尘与空气组成的混合物遇火源即能发生爆炸的最低浓度(可燃蒸气、气体的浓度,按体积比计算)。

对人体具有一定的刺激或毒害作用。

第 2.1 项:易燃气体标志如图 1-2-1 所示。

(底色:橙红色,图案:黑色)

图 1-2-1　易燃气体标志

2. 第 2.2 项:非易燃无毒气体

非易燃无毒气体包括窒息性气体、氧化性气体以及不属于其他项别的气体,不包括在温度 20℃时、压力低于 200kPa 并且未经液化或冷冻液化的气体。

非易燃无毒气体泄漏时,遇明火不燃。直接吸入人体内无毒、无刺激、无腐蚀性,但高浓度时有窒息作用。

拓展知识

燃与不燃是相对的,有些气体在高温条件下遇明火会燃烧。不燃气体主要是惰性气体和氟氯烷类的制冷剂和灭火剂。必须给予重视的是,有些气体,如氧气、压缩空气、一氧化二氮等,本身不可燃,但它们有强烈的氧化作用,可以帮助燃烧,被称为助燃气体。助燃气体实质上是气体状的氧化剂,它比液态或固态的氧化剂具有更强烈的氧化作用。所以不能忽视助燃气体的危险性,在储存运输危险货物的实践中,必须把助燃气体与不燃气体区别开来。储运助燃气体要遵守储运危险货物第 5 类(氧化性物质和有机过氧化物)的各项要求和规定。

第 2.2 项:非易燃无毒气体标志如图 1-2-2 所示。

3. 第 2.3 项:毒性气体

毒性气体包括满足下列条件之一的气体:

(1)其毒性或腐蚀性对人类健康造成危害的气体。

(2)急性半数致死浓度 LC_{50} 值小于或等于 $5000mL/m^3$ 的毒性或腐蚀性气体。

注:使雌雄青年大白鼠连续吸入 1 小时,最可能引起受试动物在 14 天内死一半的气体的浓度。

毒性气体泄漏时,对人畜有强烈的毒害、窒息、灼伤、刺激等作用。部分毒性气体还具有易燃性或氧化性。

本项气体的毒性指标与6.1项危险货物(毒性物质)的毒性指标相同,其储运的注意事项也必须遵守毒性物质的有关规定。

说明:具有两个项别以上危险性的气体和气体混合物,其危险性先后顺序为:2.3项优先于所有其他项;2.1项优先于2.2项。

第2.3项:毒性气体标志如图1-2-3所示。

(底色:绿色,图案:黑色)

图1-2-2 非易燃无毒气体标志

(底色:白色,图案:黑色)

图1-2-3 毒性气体标志

三、气体的主要特性

气体的特性主要表现在液化、物理爆炸、溶解性等方面。

1. 气体的液化

任何气体都可以压缩,处于压缩状态的气体称为压缩气体。如果在对气体进行压缩的同时进行降温,压缩气体就会转化为液体,叫作液化气体。

气体只有将温度降低到一定程度时施加压力才能被液化。若温度超过此值,则无论怎样增大压力都不能使之液化。这个使气体液化所允许的最高温度,称为临界温度。不同气体的临界温度不同。在临界温度时,使气体液化所需要的最小压力称为临界压力。

通常气体的使用和储运都在常温下进行,而且灌装气体的容器不绝热,即容器内外的温度是一样的。因而临界温度低于常温的气体是压缩气体,临界温度高于常温的气体是液化气体。无论是处于压缩状态,还是处于液化状态,气体的临界温度越低,危险性越大。

2. 气体的物理爆炸

物质因状态或压力发生突变而形成的爆炸现象称为物理爆炸,如锅炉的爆炸、气体钢瓶的爆炸等。

气体要储存和运输,必须灌装在耐压容器中,不同气体的临界温度和临界压力存在差异,气体耐压容器所承受的内压也不同。按规定,压力灌装在合乎质量要求和安全标准的容器内的气体,在正常情况下不会发生危险。但当受到剧烈撞击、振动或遇高温、加热时,容器内压力骤增,当该压力超过容器的耐受力时,钢瓶就会发生爆炸。

因此,防止钢瓶的物理爆炸是保证气体储运安全的首要事项。储运钢瓶应远离火源,防止日晒,注意通风散热。

3. 气体的溶解性

某些液体对某种气体有很大的溶解能力,例如氨气、氯气可以大量溶解在水里,乙炔可以大量溶解在丙酮中。利用这个性质可以储运某些不易液化或压缩的气体。溶解在溶剂中的气体称为溶解气体。

溶解有气体的溶剂受热后,气体会大量逸出,从而引起容器爆炸。特别是乙炔钢瓶,如经过火烤,瓶内的多孔材料可能熔解,溶剂可能挥发,钢瓶的耐受力就会失效。此时如果再用来灌装乙炔,就可能造成大事故。所以乙炔钢瓶经火烤以后就不能再使用。

同时,若发现某些易溶于水的气体泄漏,可利用气体在水中的溶解性,用水吸收。

第二节　第 3 类　易燃液体

一、易燃液体的基本概念

危险货物第 3 类包括易燃液体和液态退敏爆炸品。

1. 易燃液体

易燃液体是指易燃的液体或液体混合物,或是在溶液或悬浮液中有固体的液体,其闭杯实验闪点不高于 60℃,或开杯实验闪点不高于 65.6℃。易燃液体还包括满足下列条件之一的液体:

(1) 在温度等于或高于其闪点的条件下提交运输的液体。

(2) 以液态在高温条件下运输或提交运输,并在温度等于或低于最高运输温度下放出易燃蒸气的物质。

2. 液态退敏爆炸品

液态退敏爆炸品是指为抑制爆炸性物质的爆炸性能,将爆炸性物质溶解或悬浮在水中或其他液态物质后,而形成的均匀液态混合物。

第 3 类易燃液体标志如图 1-2-4 所示。

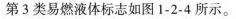

(底色:红色,图案:黑色)

图 1-2-4　易燃液体标志

二、易燃液体的包装类别

易燃液体的包装类别是根据闪点(闭杯)和初沸点确定的,具体划分见表 1-2-1。

其中,闪点是指在稳定的空气环境中,可燃性液体或固体表面产生的蒸气在试验火焰作用下被闪燃时的最低温度。闪点是衡量液体易燃性的最重要的指标,闪点越低,则表示其液体越易燃烧，危险性越大。

易燃液体包装类别的划分　　　　　　表 1-2-1

包装类别	闪点(闭杯)	初沸点	包装类别	闪点(闭杯)	初沸点
Ⅰ	—	≤35℃	Ⅲ	≥23℃和≤60℃	>35℃
Ⅱ	<23℃	>35℃	—	—	—

三、易燃液体的主要特性

1. 易燃液体的物理特性

1) 高度挥发性

易燃液体大多是低沸点液体，在常温下就能不断地挥发，如乙醚、乙醇、丙酮和二硫化碳等的挥发性都较大，这类物质也称为挥发性液体。不少易燃液体的蒸气又较空气重，易积聚不散，特别在低洼处所、通风不良的仓库内及封闭式货厢内易积聚产生易燃易爆的混合蒸气，形成事故隐患。

2) 高度流动扩散性

易燃液体的黏度和相对密度较小，且不溶于水，会随水的流动而扩散。易燃液体还具有渗透、毛细管引力、浸润等作用，即使容器只有细微裂纹，也会渗出容器壁外，扩大其表面积，且源源不断地挥发，使空气中的蒸气浓度增高，增加燃烧爆炸的潜在危险。

3) 蒸气压及受热膨胀性

液体物质的受热膨胀系数较大，加上易燃液体的易挥发性，受热后蒸气压也会增大，装满易燃液体的容器往往会造成容器胀裂而引起液体外溢。因此，灌装易燃液体时应充分注意，容器内应留有足够的膨胀余位。膨胀余位一般以体积的百分比计算。

2. 易燃液体的化学特性

1) 高度易燃性

易燃液体的易燃性，取决于它们的化学构成。易燃液体几乎都是有机化合物，都含有碳原子和氢原子。在一定条件下（如加热、遇火等）与空气中的氧化合而引起燃烧。同时，由于这些液体的挥发性较大，所以在液面附近的蒸气浓度也较大，如遇火花即能与氧剧烈化合而燃烧。

2) 易爆性

易燃液体挥发成蒸气，与空气形成可燃的混合物，当气体混合物的浓度达到一定范围（即爆炸极限）时，遇明火就会燃烧和爆炸。易燃液体爆炸极限范围越宽，燃烧、爆炸的可能性越大；温度升高，易燃液体挥发量增大，易燃易爆性增大；相同温度下，易燃液体闪点越低，越易挥发，易燃易爆性越高。

3) 能与强酸、氧化剂剧烈反应

易燃液体遇氧化剂或具有氧化性的强酸如高锰酸钾、硫酸、硝酸会剧烈反应而自行燃烧。因此装运时，应注意易燃液体不得与强酸、氧化剂混装，或者采取有效措施隔离。

4）有毒性

大多数易燃液体除具有易燃易爆的危险特性外，还具有不同程度的毒性，其可通过皮肤、消化道或呼吸道被人体吸收而致人中毒。例如，长时间吸入醚蒸气会使人麻醉，深度麻醉可致人死亡。所以，易燃液体和一般化学药品一样是有毒有害的。特别是挥发性较大的易燃液体，其蒸气带来的毒性更不可忽视，即使是挥发性很小的易燃液体，直接与之接触也是有害的。易燃液体蒸气浓度越大，毒性也越大。

第三节 第4类 易燃固体、易于自燃的物质、遇水放出易燃气体的物质

一、易燃固体、易于自燃的物质、遇水放出易燃气体的物质的分项和定义

危险货物第4类包括易燃固体、易于自燃的物质、遇水放出易燃气体的物质，分为3项。

1．第4.1项：易燃固体、自反应物质和固态退敏爆炸品

（1）易燃固体：易于燃烧的固体和可能摩擦起火的固体。

（2）自反应物质：即使没有氧气（空气）存在，也容易发生激烈放热分解的热不稳定物质。

（3）固态退敏爆炸品：为了抑制爆炸性物质的爆炸性能，用水或酒精润湿爆炸性物质，或用其他物质稀释爆炸性物质后，而形成的均匀固态混合物。

本项物质是指燃点低，对热、撞击、摩擦敏感，易被外部火源点燃，燃烧迅速，并可能散发出有毒烟雾或毒性气体的固体物质，但不包括已列入爆炸品的物质。

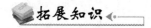

> 易燃固体燃点越低，其发生燃烧的可能性和危险性越大。通过对100种易燃固体进行分析研究发现，大多数易燃固体的燃点都低于400℃，因此，400℃可作为衡量易燃固体的参考依据之一。

第4.1项：易燃固体、自反应物质和固态退敏爆炸品标志如图1-2-5所示。

2．第4.2项：易于自燃的物质

包括发火物质和自热物质。

（1）发火物质：即使只有少量与空气接触，不到5分钟时间便能燃烧的物质，包括混合物和溶液（液体或固体）。

（2）自热物质：发火物质以外的与空气接触便能自己发热的物质。

本项物质的主要特点是不需外界火源作用，自身在空气中能缓慢氧化放热并积热不散，达到其自燃点而自行燃烧。

(底色:白色红线,图案:黑色)

图 1-2-5　易燃固体标志

第4.2项:易于自燃的物质标志如图1-2-6所示。

3. 第4.3项:遇水放出易燃气体的物质

本项物质是指遇水放出易燃气体,且该气体与空气混合能够形成爆炸性混合物的物质。可见,本项物质必须具备三个条件:在常温或高温下受潮或与水剧烈反应,且反应速度快;反应产物为可燃气体;反应过程中放出大量热,可引起燃烧或爆炸。此项物质遇酸和氧化剂也能发生反应,而且比与水的反应更为剧烈,危险性也更大。

第4.3项:遇水放出易燃气体的物质标志如图1-2-7所示。

(底色:上白下红色,图案:黑色)

图 1-2-6　易于自燃的物质标志

(底色:蓝色,图案:黑色)

图 1-2-7　遇水放出易燃气体的物质标志

二、易燃固体、易于自燃的物质和遇水放出易燃气体的物质的主要特性

1. 易燃固体的主要特性

(1)需明火点燃。虽然本项物质燃点较低,但自燃点很高,在常温条件下不易达到,故不会自燃,需要明火点着以后才能持续燃烧。

(2)高温条件下遇火星即燃。环境温度越高,物质越容易着火。当外界的温度达到物质的自燃点时,不需明火就会自燃。

(3)粉尘有爆炸性。这些物质的粉尘因与空气接触表面积大,燃烧的速度极快,遇火星即会爆炸。

(4)与氧化剂混合能形成爆炸品。不少混合炸药就是把易燃固体与氧化剂按一定的比例混合而成。有些易燃固体如萘、樟脑会从固态直接转化为气态,这种现象称为升华。升华后的易燃固体的蒸气与空气混合后,具有发生爆炸的危险。

(5)遇水分解。易燃固体中有不少物质遇水会发生化学反应而被分解。如硫磷化物遇水或潮湿空气分解,会放出有毒易燃的硫化氢;氨基化钠遇水放出有毒及腐蚀性的氨气等。有这种特性的易燃固体总数并不多,《危险货物品名表》中对具有遇水分解特性的易燃固体都有特别的说明。

第二章 常见危险货物的分类及相关特性

> **拓展知识**
>
> 易燃固体虽然很容易发生燃烧,但是如果没有火种、热源等外因的作用,没有助燃物质(空气中的氧或氧化剂)的存在,也不易发生燃烧。在储运过程中,易燃固体发生燃烧事故,都是由于接触明火、火花、强氧化剂,受热或受摩擦、撞击等引起。只要在储运中能严格防止上述外因产生作用,就可以保证安全。

2. 易于自燃的物质的主要特性

(1)不需受热和接触明火,会自行燃烧。此项物质暴露在空气中,与空气中的氧气接触,就会发生氧化反应,同时放出热量。当热量积聚起来,升到一定的温度时,就会引起此项物质燃烧。隔绝这类物质与空气接触是储运安全的关键。

(2)受潮后,会增加自燃的危险性。易于自燃的物质中的油纸、油布等含油脂的纤维制品,在干燥时,由于物品的间隙大,易于散热,只要注意通风,自行缓慢氧化产生的热量不会聚积,一般不会自燃。但是,一旦受潮,产生的热量就会积聚不散,很容易发生自燃。

(3)大部分易于自燃的物质与水反应剧烈。易于自燃的物质会自动发热,其原因是与空气中的氧发生反应。对易于自燃的物质在储运保管中关键的防护措施是阻隔其与空气的接触,例如黄磷就存放在水中。但是,不少易于自燃的物质如三异丁基铝、三氯化三甲基铝等,与水会发生剧烈的反应,同时放出易燃气体和热量,引起燃烧。所以采取何种措施来阻隔易于自燃的物质与空气的接触,要根据具体品种而定。

(4)接触氧化剂会立即发生爆炸。易于自燃的物质的还原性很强,在常温下即能与空气中的氧发生反应。如果接触到氧化剂,会立即发生强烈的氧化还原反应,发生爆炸。

3. 遇水放出易燃气体的物质的主要特性

(1)燃烧性。此项物质化学特性极其活泼,遇水(包括受潮、酸类和氧化剂)会引起剧烈化学反应,放出可燃性气体和热量。当这些可燃性气体和热量达到一定浓度或温度时,能立即引起自燃或在明火作用下引起燃烧。

遇水放出易燃气体的物质,除遇水时会发生剧烈的化学反应外,当遇到酸类或氧化剂时,也能发生剧烈的化学反应,而且比遇水所发生的化学反应更剧烈,危险性也更大。因为酸类物质和氧化剂都具有较强的氧化性(得到电子的能力),而遇水放出易燃气体的物质大都具有很强的还原性(失去电子的能力),所以当它们接触后,反应就更加剧烈。另外,多数的酸都是水的溶液,因此与本项物质接触能置换出酸中的氢。若把金属钠撒入硫酸中,立即会有大量气泡和热量溢出,反应非常剧烈。

(2)爆炸性。遇水放出易燃气体的物质的碳化钙(电石)等物品,会与空气中的水分发生反应,生成可燃性气体。放出的可燃性气体与空气混合达到一定量时,遇明火即有爆炸的危险。

(3)毒害性。遇水放出易燃气体的物质均有较强的吸水性,与水反应后生成强碱和毒性气体,接触人体后,能使人皮肤干裂、腐蚀并致人中毒。

(4)自燃性。主要是硼氢类物质和化学性质极活泼的金属及其氢化物(在空气中暴露时)能发生自燃。

第四节　第5类　氧化性物质和有机过氧化物

一、氧化性物质和有机过氧化物的分项和定义

危险货物第5类包括氧化性物质和有机过氧化物,分为两项。

1. 第5.1项:氧化性物质

氧化性物质是指本身未必燃烧,但通常因放出氧气可能引起或促使其他物质燃烧的物质。本项货物系指处于高氧化态,具有强氧化性,易分解并放出氧和热量的物质。包括含过氧基的无机物,其本身不一定可燃,但能导致可燃物的燃烧。与松软的粉末状可燃物能组成爆炸性混合物,对热、振动或摩擦较敏感。

第5.1项:氧化性物质标志如图1-2-8所示。

2. 第5.2项:有机过氧化物

有机过氧化物是指分子组成中含有过氧基(—O—O—)结构的有机物。其本身易燃易爆,极易分解,对热、振动或摩擦极为敏感。

第5.2项:有机过氧化物标志如图1-2-9所示。

(底色:柠檬黄色,图案:黑色)
图1-2-8　氧化性物质标志

(底色:柠檬黄色,图案:黑色)
图1-2-9　有机过氧化物标志

二、氧化性物质和有机过氧化物的主要特性

1. 氧化性物质的主要特性

(1)氧化性。在其分子组成中含有高价态的原子或过氧基。高价态原子有极强的夺取电子能力,过氧基能直接释放出游离态的氧原子,两者都具有极强的氧化性。

(2)不稳定性,受热易分解。不少氧化性物质的分解温度小于500℃,这些物质经摩擦、

撞击或接触明火,局部温度升高就会分解放出氧,促使可燃物燃烧。

(3)化学敏感性。氧化剂与还原剂、有机物、易燃物品或酸等接触时,有的能立即发生不同程度的化学反应。如氯酸钾或氯酸钠与蔗糖或淀粉接触,高锰酸钾与甘油或松节油接触,都能引起燃烧或爆炸。这些氧化剂着火时,不能用泡沫和酸碱灭火器扑救。

(4)强氧化剂与弱氧化剂作用的分解性。氧化性物质的氧化能力有强有弱,相互混合后也可引起燃烧爆炸,如硝酸铵和亚硝酸钠等。因此,氧化性弱的,不能与比它们氧化性强的氧化性物质一起储运,应注意分隔。

(5)与水作用分解性。有些氧化剂,特别是过氧化钠、过氧化钾等活泼金属的过氧化物,遇水或吸收空气中的水蒸气和二氧化碳时,能分解放出原子氧,致使可燃物质燃爆。所以,这类氧化性物质在储运中,要严密包装,防止受潮、雨淋。着火时禁止用水扑救,也不能用二氧化碳扑救。

(6)腐蚀毒害性。绝大多数氧化性物质都具有一定的毒害性和腐蚀性,能毒害人体,烧伤皮肤。如二氧化铬(铬酸)既有毒害性又有腐蚀性,故储运这类物品时应注意安全防护。

2.有机过氧化物的主要特性

(1)不稳定,易分解。有机过氧化物在正常温度或高温下,比无机氧化物更易放热分解。分解可因受热、与杂质(如酸、重金属化合物、胺)接触、摩擦或碰撞而引起。分解速度随着温度增加,并随有机过氧化物配制品而不同。这一特性可通过添加稀释剂或使用适当的容器加以改变。

(2)强氧化性。

(3)易燃性。有机过氧化物本身是易燃的,而且燃烧迅速,分解产物为易燃、易挥发气体,易引起爆炸。

(4)对热、振动或摩擦极为敏感。有机过氧化物中的过氧基(—O—O—)是极不稳定的结构,对热、振动、碰撞、冲击或摩擦都极为敏感,当受到轻微的外力作用时就有可能发生分解爆炸。所以,某些有机过氧化物在运输时必须控制温度,其允许安全运输的最高温度即为控制温度。

(5)伤害性。有些有机过氧化物,即使短暂地接触,也会对角膜造成严重的伤害,或者对皮肤具有腐蚀性,应避免眼睛与有机过氧化物接触。

第五节 第6类 毒性物质和感染性物质

一、毒性物质和感染性物质的分项和定义

危险货物第6类包括毒性物质和感染性物质,分为两项。

1.第6.1项:毒性物质

毒性物质是指经吞食、吸入或与皮肤接触后可能造成死亡或严重受伤或损害人类健康

的物质。包括满足下列条件之一的毒性物质(固体或液体)。

(1)急性口服毒性:LD_{50}≤300mg/kg。

注:青年大白鼠口服后,最可能引起试验动物在14天内死亡一半的物质剂量,试验结果以 mg/kg 体重表示。

(2)急性皮肤接触毒性:LD_{50}≤1000mg/kg。

注:使白兔的裸露皮肤持续接触24小时后,最可能引起试验动物在14天内死亡一半的物质剂量,试验结果以 mg/kg 体重表示。

(3)急性吸入粉尘和烟雾毒性:LC_{50}≤4mg/L。

(4)急性吸入蒸汽毒性:LC_{50}≤5000mL/m³,且在20℃和标准大气压力下的饱和蒸汽浓度大于或等于$1/5LC_{50}$。

第6.1项:毒性物质标志如图1-2-10所示。

2.第6.2项:感染性物质

感染性物质是指已知或有理由认为有病原体的物质。

感染性物质分为 A 类和 B 类。

A 类:以某种形式运输的感染性物质,在与之发生接触(发生接触,是在感染性物质泄漏到保护性包装之外,造成与人或动物的实际接触)时,可造成健康的人或动物永久性伤残、生命危险或致命疾病。

B 类:A 类以外的感染性物质。

第6.2项:感染性物质标志如图1-2-11所示。

(底色:白色,图案:黑色)

图1-2-10　毒性物质标志

(底色:白色,图案:黑色)

图1-2-11　感染性物质标志

二、毒性物质和感染性物质的主要特性

1.毒性物质的主要特性

(1)有机毒性物质具可燃性。有机毒性物质遇明火、高热或与氧化剂接触会燃烧爆炸,燃烧时会放出毒性气体,加剧毒性物质的危险性。毒性物质中的有机物都是可燃的,其中还有不少液体的闪点低于61℃,达到易燃液体的标准。

(2)遇酸或水反应放出毒性气体。如氰化氢(HCN)与氰化钾(KCN)相比毒性更强,而且又是气体,比氰化钾更容易通过呼吸道致人中毒。因此,氰化物不得与酸性腐蚀性物质配装。

氰化钾与水也会发生反应,放出氨气。氨气(NH_3)虽然也是一种毒气,但其毒性要比氰化钾弱得多。两害取其微,故氰化钾泄漏污染时,可用水来分解,不过要小心不得使氰化钾的水溶液溅至人身上,否则会加速中毒。

(3)腐蚀性。有不少毒性物质对人体和金属有较强的腐蚀性,会强烈刺激皮肤和黏膜,甚至发生溃疡加速毒物经皮肤的入侵。

2.感染性物质的主要特性

感染性物质的危险特性在于其使人或动物感染疾病或其毒素能引起病态,甚至死亡。

第六节 第8类 腐蚀性物质

一、腐蚀性物质的定义

腐蚀性物质是指通过化学作用使生物组织在接触时造成严重损伤或在渗漏时会严重损害甚至毁坏其他货物或运载工具的物质。其包括满足下列条件之一的物质:

(1)使完好皮肤组织在暴露超过60分钟,但不超过4小时之后开始的最多14天观察期内全厚度毁损的物质。

(2)被判定不引起完好皮肤组织全厚度毁损,但在55℃试验温度下,对钢或铝的表面腐蚀率超过6.25mm/a(读作每年毫米)的物质。

上述表述,一方面是针对人体的伤害,如灼伤人体组织、使完好皮肤坏死等;另一方面是从运输角度考虑,腐蚀对材料(金属等物品)造成的损坏、破坏,如长期、缓慢地腐蚀车辆、罐体,对其造成影响等。

(底色:上白下黑色,图案:黑色)

图1-2-12 腐蚀性物质标志

腐蚀性物质对其他物质即刻的腐蚀作用,主要是化学作用。有时会引起一系列复杂的化学变化。而各种腐蚀性物质接触不同物品发生腐蚀反应的效应及速度是不同的,说明各种腐蚀性物质腐蚀性强弱不一。各物品的耐腐蚀性也参差不齐。

第8类腐蚀性物质标志如图1-2-12所示。

二、腐蚀性物质的包装类别

腐蚀性物质的包装类别分为以下3类。

(1)Ⅰ类包装:非常危险的物质和制剂;

(2)Ⅱ类包装:显示中等危险性的物质和制剂;

(3)Ⅲ类包装:显示轻度危险性的物质和制剂。

拓展知识

1. Ⅰ类包装

使完好皮肤组织在暴露3分钟或少于3分钟之后开始的最多60分钟观察期内全厚度毁损的物质。

2. Ⅱ类包装

使完好皮肤组织在暴露超过3分钟但不超过60分钟之后开始的最多14天观察期内全厚度毁损的物质。

3. Ⅲ类包装

(1)使完好皮肤组织在暴露超过60分钟但不超过4小时之后开始的最多14天观察期内全厚度毁损的物质。

(2)被判定不引起完好皮肤组织全厚度毁损、但在55℃试验温度下，对S235JR+CR型或类似型号钢或非复合型铝的表面腐蚀率超过6.25mm/a的物质(如对钢或铝进行的第一个试验表明，接受试验的物质具有腐蚀性，则无须再对另一金属进行试验)。

腐蚀反应构成复杂多样，其中不乏相互抵触的物品，如可燃物品与氧化剂，酸性与碱性物品等。分项时，以酸碱性作为主要的分类标志，再考虑其可燃性。因此，在实际工作中，根据化学性质将危险货物第8类腐蚀性物质分为酸性腐蚀性物质、碱性腐蚀性物质和其他腐蚀性物质。

三、腐蚀性物质的主要特性

腐蚀性物质是化学性质非常活泼的物质，能与很多金属、非金属及动、植物有机体等发生化学反应。腐蚀性物质不仅具有腐蚀性，很多腐蚀性物质同时还具有毒性、易燃性或氧化性等性质中的一种或数种。

1. 腐蚀性

腐蚀性物质与人体、其他物品接触后，都能形成程度不同的腐蚀。其中对人体的伤害通常又称为化学烧伤(或化学灼伤)。

(1)对人体的烧伤。具有腐蚀性的固体、液体和气体物品都会对皮肤表面或器官的表面(如眼睛、食道等)产生化学烧伤。

拓展知识

需要注意的是，化学烧伤(灼伤)与物理烧伤(烫伤)有很大的不同。物理烧伤会使人立即感到强烈的刺痛，人的肌体会本能地立即避开。而化学烧伤有一个化学反应的过程，开始并不太感到疼痛，要经过数分钟、数小时，甚至数日后才表现出它的严重伤害来，所以常常被人们忽视，其危害性也就更大。

(2)对物品的腐蚀。腐蚀性物质中的酸、碱甚至盐都能不同程度地对金属进行腐蚀。它们会腐蚀金属的容器、车厢、货舱、机舱及设备等。即使这些金属物品不直接与腐蚀性物质接触,也会因腐蚀性物质蒸气的作用而锈蚀。如化工物品运输车辆的损耗程度要比普通运输车辆的损耗程度大得多。

2. 毒性

腐蚀性物质中有很多物品还具有不同程度的毒性,如五溴化磷、偏磷酸、氢氟硼酸等。特别是具有挥发性的腐蚀性物质,如发烟硫酸、发烟硝酸、浓盐酸、氢氟酸等,能挥发出有毒的气体和蒸气,在腐蚀肌体的同时,还能引起中毒。

3. 易燃性和可燃性

有机腐蚀性物质具有可燃性,这是所有有机物的通性,是它们本身的化学构成所决定的。挥发性强的有机腐蚀性物质如冰醋酸、水合肼的闪点比较低,接触明火会引起燃烧。

有些强酸强碱,在腐蚀金属的过程中放出可燃的氢气。当氢气在空气中占一定的比例时,遇高热、明火即燃烧,甚至引起爆炸。

4. 氧化性

腐蚀性物质中的含氧酸大多是强氧化剂。它们本身会分解释放出氧,或在与其他物质作用时,夺得其电子将其氧化,如硝酸暴露在空气中就会分解产生氧气。

氧化性有时也可以被利用,浓硫酸和浓硝酸的强氧化性,使铁、铝金属在冷的浓酸中被氧化,在金属表面生成一层致密的氧化物薄膜,保护了金属,这种现象称为"钝化"。根据这一特点,可用铁制容器盛放浓硫酸,用铝制容器盛放浓硝酸。

5. 遇水反应性

腐蚀性物质中很多物质与水会发生反应,并放出大量的热量。遇水反应的腐蚀性物质都能与空气中的水汽发生反应而冒烟(实质是雾,习惯上称烟),它对眼睛、咽喉和肺有强烈的刺激作用,而且有毒。由于反应剧烈,并同时放出大量的热量,当满载这些物品的容器遇水后,则可能因漏进水滴,猛烈反应,使容器炸裂。所以尽管没有给这些物品贴上"遇潮时危险"的副标志,其防水的要求应和4.3项危险货物(遇水放出易燃气体的物质)相同。

第七节 第9类 杂项危险物质和物品,包括危害环境物质

危险货物第9类杂项危险物质和物品,包括危害环境物质,是指存在危险但不能满足其他类别定义的物质和物品,包括:

(1)以微细粉尘吸入可危害健康的物质,如 UN 2212。

(2)会放出易燃气体的物质,如 UN 2211。

(3)锂电池组,如 UN 3090。

(4)救生设备,如 UN 2990。

(5) 一旦发生火灾可形成二噁英的物质和物品,如 UN 2315。

(6) 在高温下运输或提交运输的物质,是指在液态温度达到或超过 100℃,或固态温度达到或超过 240℃条件下运输的物质,如 UN 3257。

(7) 危害环境物质,包括污染水生环境的液体或固体物质,以及这类物质的混合物(如制剂和废物),如 UN 3077。

(8) 不符合 6.1 项毒性物质或 6.2 项感染性物质定义的经基因修改的微生物和生物体,如 UN 3245。

(9) 其他,如 UN 1841。

第 9 类杂项危险物质和物品标志如图 1-2-13 所示。

(底色:白色,图案:黑色)

图 1-2-13 杂项危险物质和物品标志

拓展知识

当某种物品对某种运输方式有一定的危险性,但又不具备前面所列的第 1~8 类危险货物的任何一种特性而可以归入其中某一类时,国际相关组织就设立了第 9 类。我国《危险货物分类和品名编号》(GB 6944)和《危险货物品名表》(GB 12268)中也列出了杂类危险货物的品名。

1. 放射性物质道路运输

危险货物第 7 类放射性物质的道路运输,应执行《放射性物质运输安全管理条例》(国务院令第 562 号)、《放射性物质道路运输管理规定》(交通运输部令 2016 年第 71 号)的有关规定。《危险化学品安全管理条例》和《道路危险货物运输管理规定》不涉及放射性物质道路运输管理。由此可知,《放射性物质道路运输管理规定》《道路危险货物运输管理规定》是两个同一级别的法规,不存在相互包含关系。

2. 危险废物道路运输

《中华人民共和国固体废物污染环境防治法》第一百二十四条规定,危险废物,是指列入国家危险废物名录或者根据国家规定的危险废物鉴别标准和鉴别方法认定的具有危险特性的固体废物。

《国家危险废物名录(2021年版)》规定,具有下列情形之一的固体废物(包含液态废物),列入本名录:(一)具有毒性、腐蚀性、易燃性、反应性或者感染性等一种或者几种危险特性的;(二)不排除具有危险特性,可能对生态环境或者人体健康造成有害影响,需要按照危险废物进行管理的。

(1)涉及有关道路运输的要求有:

①运输危险废物,必须采取防止污染环境的措施,并遵守国家有关危险货物运输管理的规定。禁止将危险废物与旅客在同一运输工具上载运。

②对危险废物的容器和包装物以及收集、储存、运输、处置危险废物的设施、场所,必须设置危险废物识别标志。

③收集、储存危险废物,必须按照危险废物特性分类进行。禁止混合收集、储存、运输、处置性质不相容而未经安全性处置的危险废物。禁止将危险废物混入非危险废物中储存。

④直接从事收集、储存、运输、利用、处置危险废物的人员,应当接受专业培训,经考核合格,方可从事该项工作。

⑤产生、收集、储存、运输、利用、处置危险废物的单位,应当制订在发生意外事故时采取的应急措施和防范措施,并向所在地县级以上地方人民政府环境保护行政主管部门报告;环境保护行政主管部门应当进行检查。

(2)根据《中华人民共和国固体废物污染环境防治法》,运输危险废物应当遵守国家有关危险货物运输管理的规定。运输危险废物的,在有关道路运输证件的经营范围上,应直接标注"危险废物"。在运输危险废物时,车辆需悬挂如图1-2-14所示标识。

图1-2-14 危险废物标志

3. 医疗废物道路运输

《医疗废物管理条例》(国务院令第380号)第二条规定,医疗废物,是指医疗卫生机构在医疗、预防、保健以及其他相关活动中产生的具有直接或者间接感染性、毒性以及其他危害性的废物。需要注意的是,《国家危险废物名录(2021年版)》中规定,医疗废物属于危险废物。医疗废物以列入《医疗废物分类目录》的为准。

(1)涉及有关道路运输的要求有:

①医疗废物集中处置单位运送医疗废物,应当遵守国家有关危险货物运输管理的规定,使用有明显医疗废物标识的专用车辆。医疗废物专用车辆应当达到防渗漏、防遗撒以及其他环境保护和卫生要求。运送医疗废物的专用车辆不得运送其他物品。

②医疗卫生机构和医疗废物集中处置单位,应当采取有效的职业卫生防护措施,为

从事医疗废物收集、运送、储存、处置等工作的人员和管理人员,配备必要的防护用品,定期进行健康检查;必要时,对有关人员进行免疫接种,防止其受到健康损害。

③禁止任何单位和个人转让、买卖医疗废物。禁止在运送过程中丢弃医疗废物;禁止在非储存地点倾倒、堆放医疗废物或者将医疗废物混入其他废物和生活垃圾。禁止将医疗废物与旅客在同一运输工具上载运。禁止在饮用水源保护区的水体上运输医疗废物。

④转让、买卖医疗废物,邮寄或者通过铁路、航空运输医疗废物,或者违反本条例规定通过水路运输医疗废物的,由县级以上地方人民政府环境保护行政主管部门责令转让、买卖双方,邮寄人,托运人立即停止违法行为,给予警告,没收违法所得;违法所得5000元以上的,并处违法所得2倍以上5倍以下的罚款;没有违法所得或者违法所得不足5000元的,并处5000元以上2万元以下的罚款。

(2)根据《医疗废物管理条例》,运输医疗废物应当遵守国家有关危险货物运输管理的规定。鉴于《道路危险货物运输管理规定》是依据国家有关危险货物道路运输法律、法规、标准和规范制定的,既全面、权威,又具有很强的可操作性。所以,运输医疗废物应当遵守《道路危险货物运输管理规定》,在其有关道路运输证件的经营范围上,直接标注"医疗废物"。在运输医疗废物时,车辆需悬挂如图1-2-15所示标志。

有关危险废物、医疗废物道路运输的相关事宜,交通运输部也下发过《关于危险废物是否纳入道路危险货物运输管理有关问题的复函》(交函运〔2012〕309号),作出了答复。

图1-2-15 医疗废物标志

第三章　危险货物道路运输包装常识

危险货物道路运输包装是指采用一定的材料和技术，对危险货物施加一种保护性措施，以保证其在运输过程中完好无损。其对确保运输安全及人民生命财产安全有重大意义。

第一节　危险货物道路运输包装作用

因不同危险货物具有不同程度的危险特性，其包装不仅须保证与所装货物的危险性相容（即能承受所装货物的侵蚀、化学反应等），同时还要确保货物在运输、装卸、储存、销售等过程中的安全。不恰当的危险货物道路运输包装不但会影响所装货物的质量，还可能在运输、装卸等过程造成运输工具、设施的损害和污染以及人员伤亡和财产损毁。

危险货物的危险性主要取决于其自身的理化性质，同时也会受到外界条件的影响，如温度、雨雪水、机械作用以及不同性质货物之间的影响。除了一般的经济学、市场营销学上的意义外，危险货物道路运输包装还具有如下重要的作用：

（1）能够防止危险货物因接触雨雪、阳光、潮湿空气和杂质而使货物变质，或发生剧烈化学反应所造成的事故。

（2）可以减少货物在运输过程中所受到的碰撞、振动、摩擦和挤压，使危险货物在包装的保护下保持相对稳定状态，从而保证运输过程的安全。

（3）可以防止因货物撒漏、挥发以及与性质相悖的货物直接接触而发生事故或污染运输设备及其他货物的事情发生。

（4）便于储运过程中的堆垛、搬动、保管，提高车辆生产率、运送速度和工作效率。

第二节　危险货物道路运输包装要求

根据危险货物性质和道路运输特点以及包装应起的作用，危险货物道路运输包装必须满足以下基本要求。

一、包装的适应性要求

材质、形式、规格、方法和内装货物质量应与所装危险货物的性质和用途相适应，应根据所装危险货物的性质和用途选择相对应的运输包装材质。如危险货物具有腐蚀特性，则其运输包装材质必须防腐蚀。如同属强酸的浓硫酸可用铁质容器，而其他任何酸都不能用铁器盛装，这是因为75%以上的浓硫酸会使铁的表面氧化生成一层薄而结构致密的氧化物保护膜,能阻止浓硫酸与铁质容器的连续反应。不过不能将盛装浓硫酸的铁器敞开置放,否则浓硫酸会吸收空气中的水分变稀而变成稀硫酸,稀硫酸能破坏已形成的四氧化三铁保护膜,使铁容器被腐蚀。铝可以用作硝酸、醋酸的容器,但不能盛装其他酸。氢氟酸不能使用玻璃容器等。运输包装与内装物直接接触部分,必要时应有内涂层或进行防护处理,运输的包装材质不应与内装物发生化学反应而形成危险产物或导致包装强度被削弱。

二、包装的合理性和质量要求

危险货物道路运输包装应结构合理、质量良好,并具有足够的强度,防护性能好,其构造和封闭形式应能承受正常运输条件下的各种作业风险,不应因温度、湿度或压力的变化而发生任何渗(洒)漏,表面应清洁,不允许黏附有害的危险物质。同时,运输包装还应具有足够强度,以保护包装内货物不受损失。危险货物道路运输包装的强度,与所装货物性质、形态密切相关,对于气体,处于较高的压力下,使用的是耐压钢瓶,强度极大;又因各种气体的临界温度和临界压力不同,要求钢瓶耐受的压力大小也不一样。我国现阶段所用的各种气瓶的设计、制造、充装、运输、储存、销售、使用和检验等,均应符合国家质量技术监督局颁发的《气瓶安全监察规定》(国家质量监督检验检疫总局令2015年第166号)的有关规定。

盛装液体货物的容器,应能经受在正常运输条件下产生的内部压力。灌装时必须留有足够的膨胀余量(预留容积),除另有规定外,应保证在温度55℃时,内装液体不致完全充满容器。同时,考虑到液体货物热胀冷缩系数比固体大,液体货物的包装强度应比固体的高。同是液体货物,沸点低的可能产生较高的蒸气压力;同是固体货物,密度大的在搬动时产生的动能也大,这些都要求包装有较大的强度。

一般来说,当危险货物危险性较高时,发生事故的危害性也较大,其运输包装强度也应相对较高一些。同一种危险货物,单件包装质量越大,包装强度也应越高。同一类包装运距越长、装卸次数越多,包装强度也应越高。

检验包装强度的方法,是根据在运输过程中可能遇到的各种情况做各种不同的模拟试验,以检验包装构造是否合理,能否经受起正常运输条件下所遇到的冲撞、挤压、摩擦等。通常运输包装试验有液压试验、气密试验、跌落试验、堆码试验等,但不是每一种包装都要做以上的各种试验,而是根据货物性质,所用包装材质和形式选做其中一项或几项。

三、包装封口的要求

包装封口应根据内装物性质采用严密封口、液密封口或气密封口。一般来说,危险货物包装的封口应严密不漏。特别是挥发性强或腐蚀性强的危险货物,封口更应严密,但对有些危险货物不要求封口严密,甚至还要求设有排气孔。如盛装需浸湿或加有稳定剂的物质时,其容器封闭形式应能有效地保证内装液体(水、溶剂和稳定剂)的百分比,在储运期间保持在规定的范围以内;而对有降压装置的包装,其排气孔设计和安装应能防止内装物泄漏和外界杂质进入,排出的气体量不得造成危险和污染环境。

> **拓展知识**
>
> 　　如何对待某种危险货物包装封口,要根据所装危险货物的性质决定。一般来说,大部分危险货物的包装要求严密封口。对于必须采取非严密包装的货物大致有:
> 　　(1)油浸的纸、棉、绸、麻等及其制品。该类危险货物要用透笼箱包装,以保持良好的通风。
> 　　(2)碳化钙(电石)(UN 1402、CN 43025)。碳化钙吸收空气中的水分后发生化学反应产生易燃的乙炔气体。如果桶内乙炔气不能及时排出而积聚起来,运输时遇到滚动、碰撞等情况时,桶内坚硬的碳化钙块就会与铁桶壁碰撞产生火星,点燃桶内的乙炔气而发生爆炸。所以,装碳化钙的铁桶应严密到不漏水、不漏气,在桶内充氮抑制乙炔的产生;或者应有排放桶内乙炔气的通气孔,同时注意通气孔应能防止桶外的水进入桶内,否则将十分危险。
> 　　(3)过氧化氢(双氧水,H_2O_2)(UN 2014、UN 2015、CN 51001)。过氧化氢受热或经振动即分解释放出原子氧,有爆炸危险。所以,H_2O_2的包装应有出气小孔,以随时排出分解出的O_2,释放出容器内的压力。
> 　　(4)冷冻液态氮(UN 1977、CN 22006)。装液态氮的安瓿瓶不耐高压,也不能保持瓶内的-147.1℃以下的低温,所以不时会有液态氮气化,如不让其排出,将会有爆炸危险。考虑到氮气无毒不燃的性质(空气中本来就有78%的氮),故液氮要求必须用不封口的安瓿瓶包装。
> 　　总的来说,运输包装封口应根据内装物性质采取严密封口、液密封口(即不透液体的封口)或气密封口(即不透蒸气的封口)。
> 　　气密封口一般适用于装有下列物质的包装上:①产生易燃气体或蒸气的物质;②如使其干燥,会成为爆炸性物质的物质;③产生毒性气体或蒸气的物质;④产生腐蚀性气体或蒸气的物质;⑤可能与空气发生危险反应的物质。气密封口必须经过检验部门的气密试验。

四、内外包装间填充材料的要求

　　内外包装之间应有适当的衬垫材料或吸附材料。运输包装有很多是复合包装。直接用于商品销售的包装称销售包装,为方便销售,一般单件质量较小,故又称小包装。为了运输的方便,将若干个小包装组合起来再包装成一个大件,称运输包装。这样的运输包装就是一个组合包装,组合包装由外包装(又称大包装)和内包装两部分组成。

　　使用复合包装时,内容器应予固定,并与外包装紧密贴合,外包装不得有擦伤内容器的凸出物。此外,如内容器易碎且盛装易洒漏货物,应使用与内装物性质相适应的衬垫材料或吸附材料衬垫妥实。通常,危险货物的特性对衬垫材料有以下特殊要求:

(1) 衬垫材料应具备一定的缓冲作用:衬垫能防止冲撞、振动、摩擦等情况发生而对内包装产生机械方面的损害。

(2) 衬垫材料应具有吸附作用:当机械损害力量过强,以致突破缓冲作用仍使内包装产生损坏隐患时,如果内包装的是液体物质,衬垫材料应能将此液体物质充分吸收,确保其渗漏不会影响到外包装;如果内包装的是粉末状货物,衬垫材料应将其充分吸附,不使其洒漏。

(3) 衬垫材料应具有缓解作用:正因为要求衬垫材料有吸附所装货物的作用,衬垫材料有可能直接接触危险货物,因此,应对所装货物的危险特性有一定的缓解作用。如具有氧化性的货物,不能使用有机材料作衬垫等,不给危险货物以肆虐的机会,或将其破坏作用降到最低限度以至于零。

实际中,通常使用的衬垫材料有瓦楞纸、细刨花、草套、草垫、纸屑等有机物以及气泡塑料、发泡塑料、硅藻土、蛭石、陶土、黄沙等惰性材料。

五、包装适应温度、湿度变化的要求

危险货物道路运输包装应能适应一定范围的温度和湿度变化。我国幅员辽阔,地区之间环境条件差异较大,同一时间各地气温、气候、湿度等相差很大,国际货物运输的温差和湿差相差则更大。

温差和湿差对危险货物运输有重要影响,运输包装也必须适应这些环境和条件的变化。如氯化氢、氰化氢、四氧化氮是经过降温加压后装在钢瓶内呈液态的物质,它们的沸点极低,一般在20℃以上即变成气体。这些气体有毒,不能允许其逸出,这样必然增加了包装内压,故这些货物需用耐压钢瓶盛装。又如无水醋酸(俗称冰醋酸),在低于16℃时即凝成固体,体积会膨胀,易将盛装的容器胀裂,或部分结冰在容器内晃动,将易碎容器敲破而发生事故,因此,温差较大地区内的运输,不能用易碎品作冰醋酸的内包装。

此外,因为各地湿度存在差异,运输包装的防潮措施应按相对湿度最大的地区考虑,以利于防止货物吸潮后变质和吸潮后引起化学反应而发生事故。通常包装用的防潮衬垫有塑料袋、沥青纸、铝箔纸、耐油纸、蜡纸以及干燥剂等,同时一些外包装如纸箱、纸袋、木箱等也有一定的防潮作用与性能。

六、单件包装满足运输要求

单件包装货物的质量、规格和形式应满足运输要求。每件运输包装的质量和体积应符合规定,不能过重或过大,否则不便于搬运。较重的货件应有便于提起的提手或抓手,应有便于使用装卸机械的吊环扣或底部槽间隙。一般来说,危险性大的货物,单件货物质量要小一些;危险性小的货物,可以允许采用较大一些的包装。单件货物质量不只是与危险货物的性质有关,还与各种运输方式的货舱大小、运输形式和装卸手段有关。以铁桶为例,海运规定单件货物的最大容积为450L,最大净质量为400kg,因为在港口装卸有庞大的船舶起重机、港口起重机可供使用,船舱是上部开门,货物进出货舱很方便,这样的体积和质量对海运不存在什么困难。单件质量为400kg对铁路运输来说是可以接受的,但是450L体积的大铁桶要进入火车的车厢就很困难,所以铁路运输规定,铁桶的件容积不得超过220L。而航空运输则规定桶的最大容积220L,最大净质量200kg。

同样,包装的外形尺寸也应与运输工具相适应,包括集装箱的容积、装载量应和装卸机具相配合,以便于装卸、积载、搬运和储存。

七、包装标志的要求

为了实现危险货物运输安全,使从事危险货物的运输、装卸、储存等有关人员在进行危险货物运输作业时提高警惕,以防发生危险,并在一旦发生事故时能及时采取正确的施救措施,故危险货物运输包装必须符合《危险货物包装标志》(GB 190)的规定。标志应正确、明显、牢固、清晰。一种危险货物同时具有两种以上危险性质的,应分别具有表明该货物主次特性的主次标志。一个集合包件内具有几种不同性质的货物,所有这些货物的危险性质标志都应在集合包件的表面标示出来。

为了说明货物在装卸、保管、运输、开启时应注意的事项(如易碎、禁用手钩、怕湿、向上、吊装位置等),危险货物运输包装上必须同时粘贴有符合《包装储运图示标志》(GB 191)规定的图示标志。包装的表面还必须有内装货物的正确品名(必须与托运书中所列品名一致)、货物的质量等运输识别标志以及表明包装本身的质量等级的标志等。

八、对包装进行性能试验的要求

由于危险货物性质的特殊性,为确保运输安全,避免货物在正常运输条件下受到损害,对于危险货物的运输包装还必须按照有关规定进行性能试验。经试验合格后并在包装表面标注上持久、清晰、统一的合格标记后方可使用。

一般来说,每种包装形式或包装材质在生产前都应该对该包装的设计、尺寸、体积、选材、制造以及包装方法进行试验,如果在设计、选材、制造和使用等环节有任何变动或改动,都应进行重复试验,以确保性能标准满足运输安全的要求。对重复使用的包装除清洗整理外,应定期进行重复试验,不论实际上是否对重复使用的包装进行过试验,在其使用时都必须达到性能试验的要求和标准。

九、盛装爆炸品包装的附加要求

盛装爆炸品容器的封闭形式,应具有防止渗漏的双重保护;除内包装能充分防止爆炸品与金属接触外,铁钉和其他没有防护涂料的金属部件不得穿透外包装。

双重卷边接合的钢桶、金属桶或以金属做衬里的包装箱,应能防止爆炸物进入间隙。钢桶或铝桶的封闭装置必须有合适的垫圈。包装内的爆炸物质和物品,包括内容器,必须衬垫妥实,在运输中不得发生危险性移动。

盛装有对外部电磁辐射敏感的电引发装置的爆炸品,包装应具备防止所装物品受外部电磁辐射影响的功能。

第三节　危险货物道路运输包装分类

《危险货物运输包装通用技术条件》(GB 12463)根据盛装内装物的危险程度不同,将运输包装分为3个类别,即(1) Ⅰ类包装:适用内装危险性较大的货物;(2) Ⅱ类包装:适用内装危险性中等的货物;(3) Ⅲ类包装:适用内装危险性较小的货物。

《危险货物分类和品名编号》(GB 6944)将除第1类、第2类、第7类、5.2项和6.2项物质,以及4.1项的自反应物质以外的物质,根据其危险程度,划分为3个包装类别,即(1) Ⅰ类包装:具有高度危险性的物质;(2) Ⅱ类包装:具有中等危险性的物质;(3) Ⅲ类包装:具有轻度危险性的物质。并在《危险货物品名表》的第6栏"包装类别"中列出了该危险货物应使用的包装等级。

拓展知识

> 在国际危险货物运输中,主要依据危险货物的危险程度确定包装等级。除第2类气体和第7类放射性物质的包装另有规定外,《国际海上危险货物运输规则》《危险货物国际道路运输欧州公约》等的危险货物品名表中,对各自所列危险货物都具体指明了应采用包装的等级,这既表明了该货物的危险等级,又强调了等级的重要性。基本形式与我国的《危险货物品名表》(GB 12268)中的"包装类别"相似。

危险货物道路运输包装的分类方法主要有以下3种。

一、按危险货物的物质种类分类

危险货物自身的物理化学性质客观上决定了包装的特殊要求,各类危险货物有的可采用通用的危险货物包装,有的只能或必须采用分类物品的专用包装。所以,按危险货物的物种划分,一般可分为以下5种。

1. 通用包装

一般来说,通用包装主要适用于易燃液体、易燃固体、易于自燃的物质和遇水放出易燃气体的物质、氧化性物质和有机过氧化物、毒性物质和感染性物质等货物。

2. 爆炸品专用包装

对爆炸品来说,其运输包装必须进行专用包装,甚至在爆炸品之间都不能相互替用。一般来说,为了保证爆炸品在储运过程中的安全,爆炸品的生产设计者在设计、生产爆炸品时,往往根据本爆炸品所必须满足的防火、防振、防磁等要求,同时也设计了该爆炸品的包装物,而且其包装设计需与爆炸品的设计同时被批准,否则不得进行爆炸品的生产。

3. 气体(气瓶)专用包装

气体危险货物的专用包装,其最显著的特点是能承受一定程度的内压力,所以又称压力容器包装。气瓶如图1-3-1所示。

4. 腐蚀性物质包装

由于腐蚀性物质对其包装的材料具有一定的腐蚀性,所以需用各种不同的材料来包装各类腐蚀性物质。腐蚀性物质的包装从整体看最庞杂,各种材料、各种形式的包装在腐蚀性物质中都被使用了。而从各腐蚀性物质的品种看又是最专一的,某种腐蚀性物质只能用某种材料包装,某件包装用于一种腐蚀性物质后,如能重复使用,也只能用于该腐蚀性物质而不能移作他用。

图1-3-1 气瓶

5. 特殊物品专用包装

在所有的易燃液体、易燃固体、易于自燃的物质和遇水放出易燃气体的物质、氧化性物质和有机过氧化物、毒性物质和感染性物质中,还有一些品种,由于某种特殊性质而需采用专门包装,如过氧化氢专用包装、二硫化碳专用包装、黄磷专用包装、碱金属专用包装、碳酸钙专用包装、磷化铝熏蒸剂专用包装等。

二、按危险货物的包装材料分类

按危险货物使用的包装材料分类,一般可分为木制包装、金属制包装、纸制包装、玻璃陶瓷制包装、棉麻织品制包装、塑料制包装和编织材料包装等。

1. 木制包装

(1)木桶:主要有木琵琶桶、胶合板桶、纤维板桶等。用于盛装危险货物的木桶,一般规定容积不得超过250L,净质量不得超过400kg。

(2)木箱:主要有满板木箱、满底板花格木箱、半花格型木箱、花格型木箱等。一般规定盛装危险货物的木箱净质量不超过400kg。

2. 金属制包装

金属制包装的主要形式有桶(罐)和箱(盒、听)包装两大类。其基本性能表现为牢固、耐压、耐破、密封、防潮,其强度是所有通用包装中最高的,是运输危险货物中使用最多、最广的包装方式之一。使用的主要金属材料是各种薄钢板、铝板和塑料复合钢板等。

(1)热轧薄钢板。其属于普通碳素钢板,亦称黑铁皮。其厚度0.25~2.0mm不等。单件包装的容积大或所装货物的净质量大,所用的板材相应的就厚一些,其强度标准以符合包装性能试验的要求为准。

(2)镀锌钢板。由于锌是保护性镀层,能保护钢板在使用过程中免受腐蚀。锌在干燥空气中不起变化,在潮湿空气中与氧或二氧化碳反应生成氧化锌或碳酸锌薄膜,可以防止锌继续氧化,镀锌层经铬酸或铬酸盐钝化后形成钝化膜,其防腐能力大为加强,但锌易溶于酸或碱且易于与硫化物反应。相对于黑铁皮而言,镀锌钢板也称白铁皮。

(3)镀锡钢板。其俗称为马口铁,具有良好的耐腐蚀性、冲压成型性、可焊性和弹性。锡遇稀无机酸不溶解，与浓硝酸不起反应，只是在遇浓硫酸、浓盐酸及苛性碱溶液在加热时溶解。

(4) 塑料复合钢板。其基件是普碳钢薄板，复合塑料采用软质或半软质聚氯乙烯塑料薄膜或聚苯乙烯塑料薄膜。塑料复合钢板具有钢板的断切、弯曲、深冲、钻孔、铆接、咬合、卷边等加工性能，又有很好的耐腐蚀性，可耐浓酸、浓碱以及醇类的侵蚀，但对醇以外的有机溶剂的耐腐蚀性差。

(5) 铝薄板。包装使用的铝薄板的铝的纯度应在99%以上，铝板厚2mm以上，其特点是耐硝酸和冰醋酸，可焊而咬合性差，一般不用卷边咬合而用焊接。同时铝薄板的质地较软，往往在铝桶外套上可箍钢质笼筋，以增加其强度。

3. 纸质包装

纸质包装主要有纸箱、纸盒、纸桶、纸袋等。纸质包装的特点是防振性能很好，经特殊工艺加工，强度可与木材相比。如果纸塑复合，可使纸质包装的防水性和密封性大大提高。

4. 玻璃、陶瓷制品包装

各种玻璃瓶、陶坛、瓷瓶等包装，其特点是耐腐蚀性强但很脆、易碎，所以又称易碎品。

5. 棉麻织品及塑料编织纤维包装

用棉麻织品及塑料编织纤维做成的包装，一般统称袋。在危险货物运输包装中也具有较多的用途。

6. 塑料制品包装

塑料制品包装的形状比较多，桶、袋、箱、瓶、盒、罐等都可用塑料制造。其所用的塑料种类也很多，主要有聚氯乙烯、聚苯乙烯、聚乙烯、钙塑、发泡塑料等。塑料还能与金属或纸制成各种复合材料。塑料包装的特点是质量轻、不易碎、耐腐蚀。与金属、玻璃容器比较，其耐热、密封、耐蠕变性能相对要差一些。

7. 编织材料包装

编织材料包装主要是指由竹、柳、草三种材料编织而成的容器。常见的有竹篓、竹箱、竹笼、柳条筐、柳条篓、薄草席包、草袋等。编织包装容器的荆、柳、藤、竹、草等物必须具备不霉、不烂、无虫蛀而且编织紧密结实的基本要求。

三、按危险货物的包装类型分类

按危险货物包装容器类型一般可分为桶（罐）类、箱类、袋类、坛类、筐篓类以及复合包装等多种。

1. 桶（罐）类

(1) 钢桶（图1-3-2）。按其封口盖形式可分为闭口钢桶、中开口钢桶和全开口钢桶3种。闭口钢桶适用于液体货物，灌装腐蚀性物质的钢桶内壁应涂镀防腐层；中开口钢桶适用于固体、粉末及晶体状货物或稠黏状、胶状货物；全开口钢桶则适用于固体、粉状及晶体状货物。

桶端应采用焊接或双重机械卷边，卷边内均匀填涂封缝胶。桶身接缝，除盛装固体或40L以下（含40L）的液体桶可采用焊接或机械接缝外，其余均应焊接。桶的两端凸缘应采用机械接缝或焊接,也可使用加强箍。桶身应有足够的刚度,容积大于 60L 的桶,桶身应有两道模压外凸环筋,或两道与桶身不相连的钢质滚箍套在桶身上,使其不得移动。滚箍采用焊接固定时,不允许点焊,滚箍焊缝与桶身焊缝不允许重叠。最大容积为 250L,最大净质量为 400kg。

(2)铝桶(图1-3-3)。制桶材料应选用纯度至少为 99% 的铝,或具有抗腐蚀和合适机械强度的铝合金。桶的全部接缝应采用焊接而不能采用卷边机械咬合,如有凸边接缝应采用与桶不相连的加强箍予以加强。容积大于 60L 的桶,至少有两个与桶身不相连的金属滚箍套在桶身上,使其不得移动。滚箍采用焊接固定时,不允许点焊,滚箍焊缝与桶身焊缝不允许重叠。最大容积为 250L,最大净质量为 400kg。一般适用于装腐蚀性液体。

图 1-3-2　钢桶　　　　　　　图 1-3-3　铝桶

(3)钢罐(图1-3-4)。钢罐两端的接缝应焊接或双重机械卷边。40L 以上的罐身接缝应采用焊接;40L 以下(含 40L)的罐身接缝可采用焊接或双重机械卷边。最大容积为 60L,最大净质量为 120kg。

(4)木琵琶桶(图1-3-5)。所用木材应质量良好、无节子、裂缝、腐朽、边材或其他可能降低木桶预定用途效能的缺陷。桶身应用若干道加强箍加强。加强箍应选用质量良好的材料制造,桶端应紧密地镶在桶身端槽内。最大容积为 250L,最大净质量为 400kg。桶内涂涂料并衬有塑料袋或多层牛皮纸袋等。木琵琶板桶适用于装黏稠状的液体。

图 1-3-4　钢罐　　　　　　　图 1-3-5　木琵琶桶

(5)胶合板桶(1-3-6)。胶合板所用材料应质量良好,板层之间应用抗水黏合剂按交叉文理粘接,经干燥处理,不应有降低其预定效能的缺陷。桶身至少用三合板制造,若使用胶合板以外的材料制造桶端,其质量应与胶合板等效。桶身内缘应有衬肩。桶盖的衬层应牢固地固定在桶盖上,并能有效地防止内装物洒漏。桶身两端应用钢带加强,必要时桶端应用十字形木撑予以加固。最大容积为250L,最大净质量为400kg。胶合板桶适用于装粉末状货物。货物应先装入塑料袋或多层牛皮纸袋后,再装入胶合板桶内。

(6)硬质纤维板桶。所用材料应选用具有良好抗水能力的优质硬质纤维板,桶端可使用其他等效材料。桶身接缝应加钉结合牢固,并具有与桶身相同的强度,桶身两端应用钢带加强。桶口内缘应有衬肩,桶底、桶盖应用十字形木撑予以加固,并与桶身结合紧密。最大容积为250L,最大净质量为400kg。

(7)硬纸板桶(图1-3-7)。桶身应用多层牛皮纸黏合压制成的硬纸板制成。桶身外表面应涂有抗水能力良好的防护层。桶端若采用与桶身相同材料制造,则桶身接缝应加钉结合牢固,并具有与桶身相同的强度,桶身两端应用钢带加强;同时,桶口内缘应有衬肩,桶底、桶盖应用十字形木撑予以加固,并与桶身结合紧密。也可用其他等效材料制造。桶端与桶身的结合处应用钢带卷边压制接合。最大容积为250L,最大净质量为400kg。

图1-3-6 胶合板桶

图1-3-7 硬纸板桶

(8)塑料桶(图1-3-8)、塑料罐。按其开口形式分为闭口和全开口塑料桶两种。闭口塑料桶适用于装腐蚀性液体货物,每桶净质量不超过35kg;全开口塑料桶适用于装固体、粉状及晶体状货物,通常内衬塑料袋或多层牛皮纸袋,袋口密封。

所用材料能承受正常运输条件下的磨损、撞击、温度、光照及老化作用的影响。材料内可加入合适的紫外线防护剂,但应与桶(罐)内装物性质相容,并在使用期内保持其效能。用于其他用途的添加剂,不能对包装材料的化学和物理性质产生有害作用。桶(罐)身任何一点的厚度均应与桶(罐)的容积、用途和每一点可能受到的压力相适应。

最大容积:塑料桶为250L,塑料罐为60L。最大净质量:塑料桶为250kg,塑料罐为120kg。

图1-3-8 塑料桶

2. 箱类

(1)金属箱(图1-3-9)。箱体一般应采用焊接或铆接。花格型箱如采用双重卷边接合,应防止内装物进入接缝的凹槽处。封闭装置应采用合适的类型,在正常运输条件下保持紧固。最大净质量为400kg。金属箱一般用于装块状固体或做销售包装的外包装。爆炸物品的专用包装中,有很多是金属箱,如子弹箱、炮弹箱等。

(2)木箱(图1-3-10)。箱体应有与容积和用途相适应的加强条和加强带。箱顶和箱底可由抗水的再生木板、硬质纤维板、塑料板或其他合适的材料制成。最大净质量为400kg。

图1-3-9　金属箱　　　　　　　　　　图1-3-10　木箱

固体、粉末及晶体状货物应先装入塑料袋或多层牛皮袋,牢固封口后再封木箱,木箱应密封不漏。液体危险货物应先装入玻璃瓶、塑料瓶或塑料袋内,严密封口后再装入木箱,箱内需用合适材料衬垫。强酸性腐蚀货物先装入耐酸陶坛、瓷瓶中,用耐酸材料严密封口后再装入木箱中,箱内用不燃松软材料衬垫。坛装货物净质量不得超过50kg,瓶装货物净质量不超过30kg。

(3)胶合板箱(图1-3-11)。这种箱又统称人造板箱,具有质量轻、节约木材、便于运输等特点,但其用于包装危险货物时则受到较大限制。一般来说,人造板箱只能用于包装固体货物和以铁听、铁罐作内包装的货物,包装方法与单件质量限制同木箱。只有5层或7层胶合板制成的板箱,经试验有足够的强度,才可代替木箱成为有广泛适用性的外包装。

胶合板所用材料应质量良好,板层之间应用抗水黏合剂按交叉纹理黏接,经干燥处理,不应有降低其预定效能的缺陷。胶合板箱的角柱件和顶端应用有效的方法装配牢固。最大净质量为400kg。

(4)硬纸板箱(图1-3-12)、瓦楞纸箱、钙塑板箱。硬纸板箱或钙塑板箱应有一定的抗水能力。硬纸板箱、瓦楞纸箱、钙塑板箱应具有一定的弯曲性能,切割、折缝时应无裂缝,装配时无破裂或表皮断裂或过度弯曲,板层之间应黏合牢固。箱体结合处,应用胶带粘贴,搭接胶合,或者搭接并用钢钉或U形钉钉合,搭接处应有适当的重叠。如封口采用胶合或胶带粘贴,应使用抗水胶合剂。钙塑板箱外部表层应具有防滑性能。最大净质量为60kg。

(5)再生木板箱。箱体应用抗水的再生木板、硬质纤维板或其他合适类型的板材制成。

箱体应用木质框架加强,箱体与框架应装配牢固,接缝严密。最大净质量为400kg。

图1-3-11　胶合板箱　　　　　　　图1-3-12　硬纸板箱

3. 袋类

(1) 塑料编织袋(图1-3-13)。该袋应缝制、编织或用其他等效强度的方法制作。防洒漏型袋应用纸或塑料薄膜粘在袋的内表面上。防水型袋应用塑料薄膜或其他等效材料粘在袋的内表面上。适用于粉状、块状货物。最大净质量为50kg。

(2) 纸袋(图1-3-14)。袋的材料应用质量良好的多层牛皮纸或与牛皮纸等效的纸制成,并具有足够强度和韧性。袋的接缝封口应牢固、密闭性能好,并在正常运输条件下保持其效能。防洒漏型袋应有一层防潮层。最大净质量为50kg。

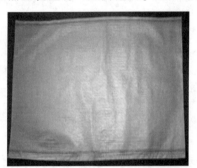 

图1-3-13　塑料编织袋　　　　　　图1-3-14　纸袋

纸袋的层数根据货物的性质、装货质量以及运输条件的优劣和倒运的次数等因素而定。为防潮和增加强度,可在牛皮纸上涂塑。牛皮纸袋可作其他包装的内包装或里衬,也可作外包装,作外包装适用于粉状固体货物,最常见的是用于杀虫粉剂。

4. 坛类

应有足够厚度,容器壁厚均匀,无气泡或砂眼。陶、瓷容器外部表面不得有明显的剥落和影响其效能的缺陷。最大容积为32L,最大净质量为50kg。

5. 筐类、篓类

筐类、篓类(图1-3-15)包装品应采用优质材料编制而成,形状周正,有防护盖,并具有一定刚度,最大净质量为50kg。

图1-3-15　筐

第四节　危险货物道路运输包装标志

危险货物道路运输包装标志是针对危险货物运输的通用性、基础性要求。

一、运输包装标志的意义

货物运输包装标志的基本含义，是指用图形或文字（文字说明、字母标记或阿拉伯数字）在货物运输包装上制作的特定记号和说明事项。运输包装标志有3个方面的内涵：

(1) 运输包装标志是在收货、装卸、搬运、储存保管、送达直至交付的运输全过程中区别与辨认货物的重要基础。

(2) 运输包装标志是一般贸易合同、发货单据和运输保险文件中记载有关事项的基本组成部分。

(3) 运输包装标志还是包装货物正确交接、安全运输、完整交付的基本保证。

货物的品类繁杂、包装各异、到达地点不一、货主众多，要做到准确无误、安全迅速地将货物运到指定地点，与收货人完成交接任务，从而使运输任务顺利完成，货物运输包装标志对每个环节都起着决定性作用。主要表现在以下3个方面：

(1) 正确使用运输包装标志，可以保护货物运输与各个环节的作业安全，防止发生货损、货差以及危险性事故。究其原因，是因为货物运输包装标志直接表明了货物的主要特性和发货人的要求与意图。

(2) 在流通过程中，运输包装标志一般要在单证、货物上同时表现出来。它是核对单证、货物并使单货相符，以便正确、快速地辨认货物，高效率地进行装卸搬运作业，安全顺利完成流通全过程，准确无误地交付货物等环节的关键。

(3) 运输包装标志还可以节省制作大量单据的手续与时间，而且易于称呼，使运输人员一见标志即对有关事项一目了然，避免造成误解，浪费人力和时间。

二、运输包装标志的分类和内容

目前，运输包装标志可以分为识别标志、储运指示标志和危险货物包装标志等3类。

1. 识别标志

识别标志是识别不同运输批次之间的标志。主要包括：

(1) 主要标志。在贸易合同和文件上一般简称"嘿(唛)头"，是以简明的几何图形（如三角形、四边形、六边形、圆形等图形）配以代用简缩字或字母，作为发货人向收货人表示该批货物的特定记号标志。所用的特定记号，以公司或商号的代号表示。有的则直接写明托运人和收货人的单位、姓名与地址的全称。

(2) 目的地标志。亦称到达地或卸货地标志。目的地标志用来表示货物运往到达地的地名。国内即为到达站站名，国外为到达国国名和地名。

(3)批数、件数号码标志。该标志表示同一批货物的总件数及本件的顺序编号,其主要用途是便于清点货物。

(4)输出地标志。亦称为生产地或发货地标志。它是用来表示货物生产地或发货地的地名。国内即为始发站站名,国外为原产国名、产地地名或发货站的国名、地名以及站名。

值得注意的是:目的地和输出地标志不能使用简称、代号或缩写文字,必须以文字直接写出全名称。如果是国际货物运输,还必须用中、外两种文字同时对照标明。

(5)货物的品名、质量和体积标志。它表明货物包装内的实际货物,每一单件包装的实际尺寸(长×宽×高)和重量(总重、净重、自重)。体积与重量标志是供承运部门计算运费、选择装卸运输方式和货物在运输工具内的堆码方法时参考。危险货物品名应包括该货物的含量以及所处的抑制条件,如含水百分比、加钝感剂×××等。

(6)运输号码标志。即货物运单号码。它是该批货物进站、核对、清点、装运及到站卸取货物的依据。

(7)附加标志。亦称为副标志。它是在主要标志上附加某种记号,用以区分同一批货物中若干小批或不同的品质等级的辅助标志。

2. 包装储运图示标志

包装储运图示标志是根据货物对易碎、易残损、易变质、怕热、怕冻等有特殊要求所提出的搬运、储存、保管以及运输安全等的注意事项。我国国家标准《包装储运图示标志》(GB 191)分为以下几种(图1-3-16):

(1)易碎物品。表示运输包装件内装易碎物品,搬运时应小心轻放。

(2)禁用手钩。表示搬运运输包装件时禁用手钩。

(3)向上。表明该运输包装件在运输时应竖直向上。

(4)怕晒。表明该运输包装件不能直接照晒。

(5)怕辐射。表明该物品一旦受辐射会变质或损坏。

(6)怕雨。表明该运输包装件怕雨淋。

(7)重心。表明该包装件的重心位置,便于起吊。

(8)禁止翻滚。表明搬运时不能翻滚该运输包装件。

(9)此面禁用手推车。表明搬运货物时此面禁止放在手推车上。

(10)禁用叉车。表明不能用升降叉车搬运的包装件。

(11)由此夹起。表明搬运货物时可用夹持的面。

(12)此处不能卡夹。表明搬运货物时不能用夹持的面。

(13)堆码质量极限。表明该运输包装件所能承受的最大质量极限。

(14)堆码层数极限。表明可堆码相同运输包装件的最大层数。

(15)禁止堆码。表明该包装件只能单层放置。

(16)由此吊起。表明起吊货物时挂绳索的位置。

(17)温度极限。表明该运输包装件应该保持的温度范围。

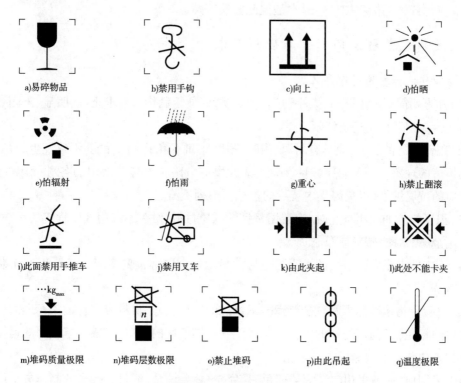

图 1-3-16　包装储运图示标志

3. 危险货物包装标志

为了明确和显著地识别危险货物的性质,保证装卸、搬运、储存、保管、送达过程的安全,应根据各种危险货物的特性,在危险货物包装表面加上特别的图示标志,必要时再加以文字说明,便于有关人员采取相应的防护措施,以防止不安全事故的发生。

危险货物包装标志的制定,是以危险货物的分类为基础,以便于根据货物或包件所贴的标志的一般形式(标志图案、颜色、形状等),识别出危险货物及其特性,并为装卸、搬运、储存提供基本指南。一般来说,标志的颜色或图案不同时,贴有这些标志的货物不能堆放在一起,在某些特殊情况下,即使是贴有同种标志的货物也应慎重复核,不能将其随意堆放在一起。

国家标准《危险货物包装标志》(GB 190)规定,危险货物包装标志分为标记和标签2类,其中标记4个,标签26个,其图形分别标示了9类危险货物的主要特性。标签的图案有:炸弹开花(表示爆炸)、火焰(表示易燃)、骷髅和交叉的大腿骨(表示毒害)、三圈形(表示传染)、三叶形(表示放射性)、从两个玻璃器皿中溢出的酸碱腐蚀着一只手和一块金属(表示腐蚀)、一个圆圈上面有一团火焰(表示氧化性)和一个钢瓶等。

危险货物可能具有一种以上的危险特性,若在《危险货物品名表》的第 5 栏中标示了该物质或物品所具有的次要危险性,除需按照第 4 栏所示的危险性类别粘贴货物的主要危险性标签外,还须加贴次要危险性标签。主要和次要危险性标签应与《危险货物包装标志》(GB 190)表2中所示的序号 1~9 所示式样相符。"爆炸品"次要危险性标签则应使用序号

1中带有爆炸式样的标签图形。通常是彼此紧挨着贴。

三、运输包装标志的制作与使用要求

1. 运输包装标志的制作要求

(1) 标志要简明清晰醒目,大小适当,易于辨认,便于制作。要求正确、明显、牢固。图案要清楚、文字要精练、字迹要清晰。

(2) 制作标志的颜料,应具有耐温、耐晒、耐摩擦和不溶于水的性能,不致发生脱落、褪色或模糊不清的现象。用于制作酸性、碱性、氧化物等危险货物包装使用的各种标志的颜料,应有相应的抗腐蚀性,以免因受内装物的侵蚀而模糊不清。

(3) 识别标志如采用货签时,应选用坚韧的纸质材料,对于不宜用纸质货签的运输包装,也可采用金属、木质、塑料或布制货签。

(4) 标志的大小要与包装的大小相适应。显示标志的部位要得当、显著,以便于装卸和交付时辨认。

(5) 危险货物包装标志及包装储运图示标志的制作尺寸、材料应符合国家标准的规定。

(6) 不能加上任何广告性的宣传文字或图案。结汇用的提单、发票等单据上的运输标志应与货物外包装上的运输标志完全相同。

标志采用白底(或采用包装容器底色)黑字,字体要清楚、醒目。标志的制作方法可以为印刷、粘贴、图打和钉附。钢制品可以打钢印。标志尺寸见表1-3-1。

标志尺寸(单位:mm)　　　　　　　　　　　　表1-3-1

序　号	长	宽
1	70	50
2	140	100
3	210	150
4	280	200

2. 运输包装标志的使用要求

(1) 每件货物包装的表面都必须有识别标志和相应的储运图示标志和包装标志。

(2) 标志的文字书写应与底边平行。带棱角的包装,其棱角不得将标志图形或文字说明分开。书写、粘贴标志都应标在显著的位置,以利识别。如箱形包装,箱的相对两侧都必须有各种标志;袋形包装袋的两大面,桶形包装的桶盖和桶身的对应侧面都必须有必备的标志。总之,每一包装必须有两组以上相同的标志,其位置应在相对的两侧。"由此吊起"和"重心点"两种标志,使用时应根据要求粘贴、喷涂或钉附在货物外包装的实际准确位置。

(3) 如一个集合货物包件内有两种以上不同性质的危险货物,如从包件外不能一目了然地看清包件内各包装标志的话,集合包件外除识别标志外,还必须具有包装件内各种货物的

第三章 危险货物道路运输包装常识

包装标签。包件内的各包装必须有齐备的各种标志或标识。

(4) 如一种危险货物除主要危险性外,还具有比较重要的次要危险性,应分别粘贴有相应的主要危险性和次要危险性标签。

(5) 货物的运输包装上,禁止有广告性、宣传性的文字或图案,以免与包装标志混杂,影响标志的正常使用。包装在重复使用时,应把原有的(废弃的)包装标志痕迹清除干净,以免与新标志混淆不清而造成事故。同时,不准在包装外表乱写乱涂任何与标志无关的文字或图案。

第四章 危险货物道路运输车辆技术要求

危险货物道路运输车辆(又称专用车辆)除了要遵守《中华人民共和国道路交通安全法》及其实施条例等基本安全法规外,还要遵守一些针对专用车辆的特殊要求,这对确保危险货物道路运输安全,提高运输效率和经济效益,具有非常重要的意义。本章主要介绍专用车辆技术条件、适装与限制、技术管理、运行调度等内容。

第一节 危险货物道路运输车辆技术条件

一、基本要求

1. 电源总开关

电路系统应有切断总电源装置,能快速切断整车电路,以防车辆电路系统的电线使用时间过久,塑胶层老化,导致胶层脱落,搭铁形成短路,引起火花而造成火灾事故。在发生交通事故后,及时关闭电源总开关,迅速切断整车电路,可以大大减少发生次生事故的概率,避免造成更大的人员伤亡和财产损失。一般易燃易爆危险货物道路运输车辆电源总开关布置在驾驶室仪表板上(指示键标志是"○"),如图1-4-1所示。

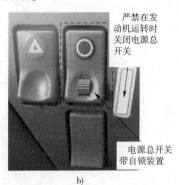

图1-4-1 驾驶室仪表板电源总开关标识

2. 导静电橡胶拖地带

装运易燃、易爆危险货物的车辆必须配备符合《汽车导静电橡胶拖地带》(JT/T 230)要求的导静电装置。因为大部分易燃、易爆液体的电阻率大,运输过程中在罐体内晃动,会与罐体内表面摩擦产生大量静电。这些静电聚集后放电将引起电火花,存在引燃运输货物的危险。因此,必须安装导静电橡胶拖地带,通过拖地带橡胶层中的金属导体与地面接触及时排除车辆罐体上的静电,从而减少静电的聚集,避免因静电聚集放电引起货物燃烧或爆炸,达到安全运输的目的。此外,空车时也要将拖地带尾端搭铁,避免需要排除静电时而没有搭铁造成意外。导静电装置如图1-4-2所示。

3. 排气火花熄灭器

专用车辆的排气管必须符合《机动车排气火花熄灭器》(GB 13365)的规定。因为在汽车运行中,排气管的排气温度很高,高温、高热有时可烧红排气管,其引起的热传导或热辐射有可能使汽油、苯、溶剂油等易燃物质引起燃烧、甚至爆炸。易燃液体的挥发性极强,挥发出的气体一旦遇明火、高温就会燃烧、爆炸,所以,要求排气管上面要加装隔热装置,同时排气管排出的废气中,难免有火星排出,这将成为专用车辆进入化工生产单位、储存库场的火灾事故隐患。从事爆炸品、易燃易爆化学品的运输车辆,必须安装排气火花熄灭器,以确保安全运输。排气火花熄灭器如图1-4-3所示。

图1-4-2 导静电装置

图1-4-3 排气火花熄灭器

4. 消防器材

专用车辆必须配备与所运的危险货物性能相适应、有效的消防器材。一是危险货物品种繁多,性质各异,有的易燃易爆(如汽油、酒精、液化石油气等),有的遇水反应会分解出大量易燃气体(如金属钠、碳化钙)等,有的遇酸会分解释放出大量的剧毒气体(如氯化物等);大多数易燃液体具有不溶于水,且密度小于水的理化特性。二是消器器材种类、规格多样,性能不同,灭火效果各异,如酸碱灭火器、泡沫灭火器、二氧化碳灭火器、干粉灭火器等,水、砂土也是重要的灭火手段。不管哪种灭火方式,都要慎重选择。不同的灭火器,所喷出的灭火药剂性质也不同,所产生的效果也不同。消防器材的配备,也可以参考危险货物《化学品安全技术说明书》《化学品安全标签》的有关要求。

二、标志灯和标志牌的使用

专用车辆应按照《道路运输危险货物车辆标志》(GB 13392)的要求,设置危险品标志灯和标志牌。

1. 标志灯

标志灯的主要功用是在行车时,特别是夜间行车时警示迎面驶来的会车车辆。根据这一功用要求,一是通过加入荧光材料或贴覆荧光膜的制作工艺,使灯体部分可以在夜间车辆正常行驶时发出一定强度的可见光;二是标志灯上的线条和汉字与基色成对比色,且使用反光材料印刷或贴覆,有效保证标志灯在夜间的正常工作。

2. 标志牌

标志牌主要是在行车时对后面驶近的超车车辆起警示作用,在驻车和车辆遇险时对周围人群起警示作用、对专业救援人员起指示作用。因此,标志牌图形采用了与国际接轨的危险货物指示图案、类项代号,以及易于被中国人识别的中文危险货物类别或类项名称;同时,基板贴覆定向反光膜,图案、线条、字体均使用反光材料印刷,有效保证了标志牌的正常工作。

有关标志灯和标志牌的样式等内容见本篇第五章第二节相关内容。

第二节　危险货物道路运输车辆适装要求

一、专用车辆的车型选择

由于各类危险货物形态不同、性质不同、包装形式不一,其所选用的车型也不同,如液化石油气是成吨批量运输,多使用压力容器的液化气罐车运输,而居民日常生活所需的瓶装液化石油气就可以选择普通(栏板)货车运送。因此,根据危险货物不同形态、性质和包装,选择合适车型是十分重要。

(1)钢瓶(如氧气瓶、煤气罐等)、小包装的易燃液体、易燃固体、易于自燃的物质、无机氧化剂、毒性物质(低毒)、固体腐蚀性物质,应选用普通(栏板)货车运输。普通货车运输通常有以下形式:

①由于普通货车尤其是小型货车具有装卸(取货)容易的特点,故常用于频繁装卸的配送货物运输。如为居民配送煤气罐(液化气罐),如图1-4-4a)所示。在此需要强调的是,直立气瓶高出栏板部分不得大于气瓶高度的1/4,图1-4-4b)为违章运输煤气罐。

a) 煤气罐运输　　　　　　　　b) 违章运输煤气罐

图1-4-4　煤气罐运输

②气瓶还可以按照《气瓶直立道路运输技术要求》(GB/T 30685)的有关要求进行运输。该标准适用于单只气瓶水容积小于150L,用于盛装气体的散装气瓶、集束装置(卧式设计的集束装置除外)和集装篮等。

集束装置(俗称集装格)是由金属结构框架组合两个或两个以上的气瓶,通过汇流排连接构成的集中供气装置(图1-4-5)。一般分为立式设计和卧式设计两种,气瓶不可以单支装卸。

集装篮是装有多个气瓶,其一侧通常可开放、气瓶可以单支装卸、便于运输的框架结构装置,如图1-4-6所示。

图1-4-5 集束装置

图1-4-6 集装篮

根据《气瓶直立道路运输技术要求》(GB/T 30685),气瓶直立运输有以下两种情况:一种是散装气瓶直立运输,如图1-4-7所示;另一种是集束装置、集装篮直立运输,如图1-4-8所示。

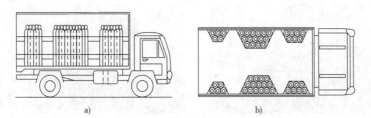

图1-4-7 散装气瓶直立运输

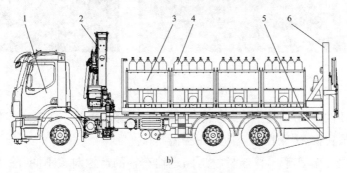

图1-4-8 集束装置直立运输

1-底盘;2-气瓶运输框架;3-气瓶;4-副车架;5-尾板;6-运输框架挡板

③1000L 以上的大型气瓶可以用普通货车运输,如图 1-4-9 所示。

(2)爆炸品、遇水放出易燃气体的物质、固体剧毒品、感染性物质、有机过氧化物应选用厢式货车(图 1-4-10)。

图 1-4-9　大型气瓶运输　　　　　　　图 1-4-10　厢式货车

(3)压缩气体和液化气体(含受压、低温)应选用压力容器专用罐车。如运输液化天然气(LNG)的罐车,如图 1-4-11 所示;运输压缩天然气(CNG)的集装束,如图 1-4-12 所示。

图 1-4-11　运输液化天然气(LNG)的罐车　　　图 1-4-12　运输压缩天然气(CNG)的集装束

(4)易燃液体、液体剧毒品应选用化工物品专用罐车或罐式集装箱(图 1-4-13)运输。

a)　　　　　　　　　　　　　　b)

图 1-4-13　罐式集装箱

(5)液体腐蚀性货物应选用化工物品专用罐车、可移动罐体车或罐式集装箱运输。

(6)有机过氧化物、感染性物质应选用控温车型。

危险货物道路运输车辆与普通货物道路运输车辆的运输对象不同,除不同车型根据车辆技术状况配备的工属具有区别外,对车辆安全设施也有特殊要求。

二、专用车辆的适装要求

1. 普通（栏板）货车

车厢底板必须平整完好，周围栏板必须牢固；不得装运爆炸品、剧毒化学品。

2. 厢式货车

厢式货车又称厢式车，主要用于全密封运输各种物品，特殊种类的厢式货车还可运输危险化学品。它具有机动灵活、操作方便、工作高效，充分利用空间及安全、可靠等优点。按照用途不同可分为厢式货车、仓栅式运输车、封闭货车、控温厢式货车。

1）厢式货车

厢式货车适宜运输爆炸品、遇水放出易燃气体的物质、氧化性物质及毒性物质等危险货物，在运输中能防止危险货物货损、货差和丢失；能起到防雨、防雷等保护作用。在装运易燃、易爆危险货物时，应使用木质底板车厢。如是铁质底板，应采取衬垫措施（如铺垫木板、胶合板、橡胶板等），但不能使用谷草、草片等松软易燃材料；货厢内的蒙皮，应采用有色金属或不易发火的非金属材料，货厢面板内外蒙皮之间应采用阻燃隔热材料填充，厢体侧壁或前后壁板应根据需要设置具有防雨功能的通风窗。

2）仓栅式货车

载货部位的结构为仓笼式或栅栏式且与驾驶室各自独立的载货汽车；载货部位的顶部应安装有与侧面栅栏固定的、不能拆卸和调整的顶篷杆（图1-4-14）。

图1-4-14 仓栅式货车

3）封闭货车

载货部位的结构为封闭厢体且与驾驶室连成一体，车身结构为一厢式或两厢式的载货汽车（图1-4-15）。由于封闭货车是驾驶室与车厢同为一室的，故其不得装运爆炸品、剧毒化学品以及易燃易爆、有毒气体等危险货物。因为，一旦危险货物发生泄漏，车厢内充满有害气体，会使驾驶人员失去驾驶能力，不仅会造成驾驶人员中毒甚至有生命危险，而且会因车辆失控造成行驶道路附近车辆、人员和财产损失，后果不堪设想。

a)

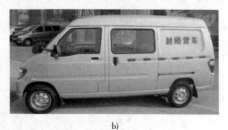
b)

图1-4-15 封闭货车

4）控温厢式货车

控温厢式货车，其车厢内应有制冷或加温装置以及保温措施，驾驶室应有温度监控系统。根据所装危险货物的特殊要求,车辆还要有防振、防爆、隔热、防止产生火花、排除静电等装置,且厢体密封性能要好,不能因厢体不严密,造成温度升高或下降,确保危险货物在恒温或冷藏条件下完成运输。其恒温或制冷装置在一个箱体内,除正常工作使用外,还应有一套或一套以上备用控温装置。一旦正常工作的装置发生故障,备用控温装置能及时正常工作,保证运送任务的完成。这类厢式货车多数从事有机过氧化物、疫苗、菌苗的运输。控温厢式货车,也称为冷藏车(图1-4-16)。

a)　　　　　　　　　　b)

图1-4-16　控温厢式货车

3. 集装箱运输车

集装箱运输是一种"集零为整"的成组运输,其集装箱临时固定在拖挂车上。经过运行到达目的地把集装箱卸下,一次运输任务即告完成,集装箱有其周转规定,按时清洗、交箱,运输任务就全部完成。

目前在危险货物道路运输中广泛使用的集装箱是通用集装箱和罐式集装箱(也称为"集装罐""罐箱")。罐式集装箱是一种带有20ft(英尺)国际标准集装箱外部框架的不锈钢压力容器,其设计和制造完全采用ISO 668、ISO 830、ISO 1490-3、ISO 1161、ISO 9669标准,因而其起吊、堆存、绑固和运输方式完全等同于20ft(英尺)国际标准集装箱。容积为7500~26000L,工作压力为1.75~38.5at($1at \approx 10^5 Pa$)的全系列罐箱,可满足国内外各种流体物资的生产者、使用者和涉及化工、食品、医药、军工等流体物资运输与储存的物流操作者的各种需要。罐式集装箱由箱体框架和罐体两部分组成,有单罐式(图1-4-17)和多罐式两种。罐式集装箱主要运输液体化工物品、压缩气体和液化气体等危险货物。在此需要说明的是,一般讲的集装箱运输是包括集装罐运输的。常用的罐式集装箱有普通罐箱、气体罐箱、加热罐箱。

图1-4-17　集装箱运输

第四章 危险货物道路运输车辆技术要求

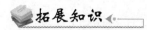

> 罐式集装箱与罐式专用车辆不是同一概念,罐式集装箱是适用于集装箱运输车辆的设备,它不属于车辆的固有部件或总成。道路运输液体危险货物罐式专用车辆系指罐体内装运液体危险货物,且与定型汽车底盘或半挂车车架永久性连接的道路运输罐式车辆,罐体属于车辆的固有部件。

三、专用车辆的车型限制

由于危险货物具有一定的潜在危险性,在运输装卸过程中,对于环境、温度、湿度、振动、摩擦、冲击等因素的要求非常严格。

1. 禁止使用报废等车辆

首先是禁止使用报废的、擅自改装的、检测不合格的、车辆技术等级达不到一级的和其他不符合国家规定的车辆从事危险货物道路运输。如在取得《道路运输证》后,道路运输管理机构对有上述情况或者经检测不符合国家强制性标准要求的专用车辆,应当及时收回其《道路运输证》。

2. 各种客车、客货两用车、三轮机动车、摩托车和非机动车(含畜力车),禁止运输危险货物

各种客车、客货两用车、三轮机动车、摩托车和非机动车(含畜力车),禁止运输危险货物。这里分为两种情况,一是客车不能载货是《中华人民共和国道路交通安全法》的基本要求,当然客车更不能载运危险货物;二是由于三轮机动车等其他运输车辆在运输途中存在不稳定性和不安全性,所以禁止运输危险货物。

3. 自卸汽车不得装运危险货物

自卸汽车是指安装有可使货厢向后或向两侧倾斜而卸货之装置的货车(图1-4-18)。

a) b)

图1-4-18 自卸汽车

由于自卸汽车在运输行驶中,其自卸装置有可能造成误操作而发生事故,因此自卸汽车不得装运危险货物。为了便于装卸和生产作业的实际需要,《道路危险货物运输管理规定》规定,允许自卸汽车只能运输散装硫黄、萘饼、粗蒽、煤焦沥青等危险货物。

4. 货车列车禁止从事危险货物运输

货车列车的拖挂车在行驶中颠簸、摆动很大,货物易造成丢失,且挂车与主车连接部位易产生火花等,造成火灾事故。因此,禁止货车列车运输危险货物。但铰接列车、具有特殊装置的大型物件运输专用车辆除外。

5. 移动罐体禁止从事危险货物运输

移动罐体(罐式集装箱除外)禁止从事危险货物运输(图1-4-19)。移动罐体是指临时固定在车辆底盘上或者放在栏板货车货厢里的常压罐体,并且常压罐体与车辆底盘或货厢尺寸基本相同。在运输过程中,由于移动罐体容易脱落移(尤其在车辆转弯时),故移动罐体运输危险货物的事故频发,且危害极大。交通部于2005年5月24日下发《关于继续进行道路危险运输专项整治的通知》(交公路发〔2004〕226号)文件,首次提出"禁止使用活动罐体车辆运输剧毒、易燃易爆液体、气体货物"。

a)

b)

c)

图1-4-19 移动罐体运输

四、专用车辆的使用限制

1. 专用车辆运输普通货物的限制

《道路危险货物运输管理规定》规定,不得使用罐式专用车辆或者运输有毒、感染性、腐蚀性危险货物的专用车辆运输普通货物。其他专用车辆可以从事食品、生活用品、药品、医疗器具以外的普通货物运输,但应当由运输企业对专用车辆进行消除危害处理,确保不对普通货物造成污染、损害。

为了提高专用车辆的使用效率,《道路危险货物运输管理规定》允许、提倡专用车辆在一定的限制条件下,运输普通货物。如集装箱运输车(包括牵引车、挂车)、甩挂运输的牵引车等,在卸载危险货物(集装箱)后,与运输普通货物的车辆一样,不会有任何污染。为了提高车辆利用率,降低企业运输成本,应该鼓励牵引车等专用车辆从事普通货物运输。

允许专用车辆从事普通货物运输时,企业还要注意以下问题:

(1)出于安全性考虑,禁止运输有毒物质、感染性物质和腐蚀性物质的专用车辆运输普通货物。

(2)专用车辆只能从事食品、生活用品、药品、医疗器具以外的普通货物运输。

(3)运输企业应当负责对专用车辆进行消除危害处理,确保不对普通货物造成污染、损害。

(4)企业要到县级运管机构,给专用车辆的办理增加经营范围(增加普通货运)的手续,不能超范围经营。

2. 危险货物与普通货物混装运输的限制

不得将危险货物与普通货物混装运输。如危险货物与普通货物混装,若危险货物包装出现破损,易造成对普通货物的污染,产生安全隐患。在现实运输活动中,有别有用心的托运人、承运人,为了降低运输成本,在普通货物中夹带危险货物,发生了很多危险货物运输事故,造成很大生命、财产损失,留下了惨痛的教训。因此《道路危险货物运输管理规定》禁止将危险货物与普通货物混装运输。

五、专用车辆的装载限制

关于车辆装载的限制,国家有关法规明确规定禁止超载、超限运输,在此针对危险货物道路运输,介绍有关装载限制。

1. 爆炸品、剧毒化学品、强腐蚀性危险货物的装载限制

《道路危险货物运输管理规定》规定,运输爆炸品、强腐蚀性危险货物的罐式专用车辆的罐体容积不得超过 $20m^3$;运输剧毒化学品的罐式专用车辆的罐体容积不得超过 $10m^3$,但符合国家有关标准的罐式集装箱除外;运输剧毒化学品、爆炸品、强腐蚀性危险货物的非罐式专用车辆核定载质量不得超过 10t,但符合国家有关标准的集装箱运输专用车辆除外。

为尽可能减小危险货物运输事故的危害,参照一些发达国家、地区的做法,在危险货物运输中引入"车辆损害管制"的理念,对剧毒、爆炸、强腐蚀性危险货物车辆的最大装载质量进行了明确限制。这样,一旦发生运输安全事故,也可以将危害控制在一定程度之内。

2. 常压罐式的装载限制

由于各种原因,一部分"大吨小标""小车大罐"专用车辆进入危险货物道路运输市场,导致超载超限运输,存在着重大的安全隐患,成为历次安全整治的重点。为防止新的"大吨小标""小车大罐"车辆从事危险货物运输,《道路危险货物运输管理规定》强调,危险货物道路运输企业或者单位使用罐式专用车辆运输货物时,罐体载货后的总质量应当和专用车辆核定载质量相匹配;使用牵引车运输货物时,挂车载货后的总质量应当与牵引车的准牵引总质量相匹配。

1)超载行为之一:实际装载质量超过载货汽车核定载质量

《中华人民共和国道路交通安全法实施条例》第一百零六条规定,公路客运载客汽车超过核定乘员、载货汽车超过核定载质量的,公安机关交通管理部门依法扣留机动车后,驾驶人员应当将超载的乘车人转运、将超载的货物卸载,费用由超载机动车的驾驶人员或者所有人承担,该条款"载货汽车超过核定载质量的"是超载的一种形式。《机动车行驶证》标注了车辆的"核定载质量"。

2)超载行为之二:挂车载货后的总质量大于牵引车的准牵引质量

《中华人民共和国道路交通安全法实施条例》第五十五条第三款规定"载货汽车所牵引挂车的载质量不得超过载货汽车本身的载质量",该条款是指挂车载货后的总质量应当与牵

引车的准牵引质量相匹配。

3）本质超载

在我国车辆产品的公告和《机动车行驶证》上要标明"车辆的整备质量"，即车辆的自重。但部分运输企业在购车后，发现车辆的"整备质量"与实车不符。往往企业购买车辆的实车质量比"整备质量"重几吨。我们把这种现象称为车辆"本质超载"。本质超载的车辆，应属不合格产品，生产企业应按照《缺陷汽车产品召回管理条例》的要求予以召回。

第五章　危险货物道路运输法规及标准

第一节　危险货物道路运输法规

目前,我国涉及危险货物道路运输的有关法规基本涵盖了危险货物道路运输的各个环节,形成了较为完善的法规体系,主要有《中华人民共和国安全生产法》《中华人民共和国道路交通安全法》《中华人民共和国刑法》《中华人民共和国反恐怖主义法》《危险化学品安全管理条例》《中华人民共和国道路运输条例》《道路危险货物运输管理规定》《道路运输从业人员管理规定》《道路运输车辆技术管理规定》《道路运输车辆动态监督管理法》《中华人民共和国特种设备安全法》《中华人民共和国固体废物污染环境防治法》《医疗废物管理条例》等。

学习危险货物道路运输法规是从业人员依法从业、依法运输和依法保护自己合法权益的基础。

一、《中华人民共和国安全生产法》

《中华人民共和国安全生产法》(以下简称《安全生产法》)是我国安全生产的基本法、大法,主要是对企业安全生产、从业人员培训和劳动保护的要求,在中华人民共和国境内从事生产经营活动的单位都要遵守。其涉及危险货物道路运输的内容如下。

1. 关于企业安全生产的主体责任

《安全生产法》第四条要求"生产经营单位必须遵守本法和其他有关安全生产的法律、法规,加强安全生产管理,建立健全全员安全生产责任制和安全生产规章制度,加大对安全生产资金、物资、技术、人员的投入保障力度,改善安全生产条件,加强安全生产标准化、信息化建设,构建安全风险分级管控和隐患排查治理双重预防机制,健全风险防范化解机制,提高安全生产水平,确保安全生产。平台经济等新兴行业、领域的生产经营单位应当根据本行业、领域的特点,建立健全并落实全员安全生产责任制,加强从业人员安全生产教育和培训,履行本法和其他法律、法规规定的有关安全生产义务";第五条指出"生产经营单位的主要负责人是本单位安全生产第一责任人,对本单位的安全生产工作全面负责";第二十一条进一步明确了生产经营单位的主要负责人对本单位安全生产工作负有的职责:

(1)建立健全并落实本单位全员安全生产责任制,加强安全生产标准化建设;

(2)组织制定并实施本单位安全生产规章制度和操作规程;

(3)组织制定并实施本单位安全生产教育和培训计划;

(4)保证本单位安全生产投入的有效实施;

(5)组织建立并落实安全风险分级管控和隐患排查治理双重预防工作机制,督促、检查本单位的安全生产工作,及时消除生产安全事故隐患;

(6)组织制定并实施本单位的生产安全事故应急救援预案;

(7)及时、如实报告生产安全事故。

根据《安全生产法》,危险货物道路运输企业还应当注意以下几个问题:

(1)具备本法和有关法律、行政法规和国家标准或者行业标准规定的安全生产条件。

(2)应当具备的安全生产条件所必需的资金投入,由生产经营单位的决策机构、主要负责人或者个人经营的投资人予以保证,并对由于安全生产所必需的资金投入不足导致的后果承担责任。

(3)应当安排用于配备劳动防护用品、进行安全生产培训的经费。

(4)发生生产安全事故时,单位的主要负责人应当立即组织抢救,并不得在事故调查处理期间擅离职守。

2. 关于企业执行安全生产标准的要求

《安全生产法》第十一条提出了"生产经营单位必须执行依法制定的保障安全生产的国家标准或者行业标准";第三十九条提出了"运输危险物品,必须执行有关法律、法规和国家标准或者行业标准,建立专门的安全管理制度,采取可靠的安全措施,接受有关主管部门依法实施的监督管理";第四十五条提出了"生产经营单位必须为从业人员提供符合国家标准或者行业标准的劳动防护用品,并监督、教育从业人员按照使用规则佩戴、使用"。

3. 关于企业培训的职责

危险货物道路运输企业应当对从业人员进行安全生产教育和培训。《安全生产法》第二十八条要求"未经安全生产教育和培训合格的从业人员,不得上岗作业";第五十八条要求"从业人员应当接受安全生产教育和培训,掌握本职工作所需的安全生产知识,提高安全生产技能,增强事故预防和应急处理能力"。

二、《中华人民共和国道路交通安全法》

鉴于危险货物道路运输主要的生产环节就是道路运输,故《中华人民共和国道路交通安全法》(以下简称《道路交通安全法》)也是此行业的基本法、大法。其涉及危险货物道路运输的内容如下。

1. 机动车实行登记制度

国家对机动车实行登记制度,机动车经公安机关交通管理部门登记后,方可上道路行驶;尚未登记的机动车,需要临时上道路行驶的,应当取得临时通行牌证。故公安交通管理部门给车辆发的《机动车行驶证》是车辆上路的必要条件,且道路运输管理机构要根据《机动车行驶证》的有关登记事项、内容,给危险货物道路运输车辆配发《道路运输证》。

2. 对道路运输的基本要求

(1)不得超载运输。机动车载物应当符合核定的载质量,严禁超载;载物的长度、宽度、高度不得违反装载要求,不得遗洒、飘散载运物。《中华人民共和国道路交通安全法实施条例》第四十五条要求,机动车载物不得超过《机动车行驶证》上核定的载质量,装载长度、宽度不得超出车厢。重型、中型载货汽车及半挂车载物,高度从地面起不得超过4m,载运集装箱的车辆不得超过4.2m;其他载货的机动车载物,高度从地面起不得超过2.5m。

对于牵引车而言,载货汽车所牵引挂车的载质量不得超过载货汽车本身的载质量。

(2)超限运输的要求。机动车运载超限的不可解体的物品,影响交通安全的,应当按照公安机关交通管理部门指定的时间、路线、速度行驶,悬挂明显标志。在公路上运载超限的不可解体的物品,应当依照公路法的规定执行。

(3)办理通行证的要求。机动车载运爆炸物品、易燃易爆化学物品以及剧毒、放射性等危险物品,应当经公安机关批准后,按指定的时间、路线、速度行驶,悬挂警示标志并采取必要的安全措施。

(4)驾驶合格车辆上路。驾驶人员驾驶机动车上道路行驶前,应当对机动车的安全技术性能进行认真检查;不得驾驶安全设施不全或者零件不符合技术标准等具有安全隐患的机动车。

(5)文明驾驶。遵守道路交通安全法律、法规的规定,按照操作规范安全驾驶、文明驾驶。

(6)禁止酒后驾驶等。饮酒、服用国家管制的精神药品或者麻醉药品,或者患有妨碍安全驾驶机动车的疾病,或者过度疲劳影响安全驾驶的,不得驾驶机动车。

(7)禁止疲劳驾驶。连续驾驶机动车超过4小时未停车休息或者停车休息时间少于20分钟,属于疲劳驾驶。

(8)禁止货运机动车载客。

3. 对超载运输的处罚规定

《道路交通安全法》规定,货运机动车超过核定载质量的,处200元以上500元以下罚款;超过核定载质量30%或者违反规定载客的,处500元以上2000元以下罚款。有前款行为的,由公安机关交通管理部门扣留机动车至违法状态消除。运输单位的车辆有本款规定的情形,经处罚不改的,对直接负责的主管人员处2000元以上5000元以下罚款。

《中华人民共和国道路交通安全法实施条例》还规定,载货汽车超过核定载质量的,公安交通管理部门依法扣留机动车后,驾驶人员应当将超载的货物卸载,费用由超载机动车的驾驶人员或者所有人承担。

三、《中华人民共和国刑法》

《中华人民共和国刑法》中涉及危险货物道路运输的内容如下。

(1)非法制造、买卖、运输、邮寄、储存枪支、弹药、爆炸物的,以及非法制造、买卖、运输、储存毒害性、放射性、传染病病原体等物质,危害公共安全的,处3年以上10年以下有期徒刑;情节严重的,处10年以上有期徒刑、无期徒刑或者死刑。

(2)违反交通运输管理法规,因而发生重大事故,致人重伤、死亡或者使公私财产遭受重大损失的,处3年以下有期徒刑或者拘役;交通运输肇事后逃逸或者有其他特别恶劣情节的,处3年以上7年以下有期徒刑;因逃逸致人死亡的,处7年以上有期徒刑。

(3)在道路上驾驶机动车,违反危险化学品安全管理规定运输危险化学品,危及公共安全的,处拘役,并处罚金。机动车所有人、管理人对此行为负有直接责任的,处拘役,并处罚金。

(4)违反爆炸性、易燃性、放射性、毒害性、腐蚀性物品的管理规定,在生产、储存、运输、使用中发生重大事故,造成严重后果的,处3年以下有期徒刑或者拘役;后果特别严重的,处3年以上7年以下有期徒刑。

四、《中华人民共和国反恐怖主义法》

《中华人民共和国反恐怖主义法》中涉及危险货物道路运输的内容如下。

(1)生产和进口单位应当依照规定对枪支等武器、弹药、管制器具、危险化学品、民用爆炸物品、核与放射物品作出电子追踪标识,对民用爆炸物品添加安检示踪标识物。

运输单位应当依照规定通过定位系统对运营中的危险化学品、民用爆炸物品、核与放射物品的运输工具实行监控。

国务院有关主管部门或者省级人民政府根据需要,在特定区域、特定时间,可以决定对管制器具、危险化学品、民用爆炸物品的生产、进出口、运输、销售、使用、报废实施管制,可以禁止使用现金、实物进行交易或者对交易活动作出其他限制。

(2)发生枪支等武器、弹药、危险化学品、民用爆炸物品、核与放射物品、传染病病原体等物质被盗、被抢、丢失或者其他流失的情形,案发单位应当立即采取必要的控制措施,并立即向公安机关报告,同时依照规定向有关主管部门报告。公安机关接到报告后,应当及时开展调查。有关主管部门应当配合公安机关开展工作。

任何单位和个人不得非法制作、生产、储存、运输、进出口、销售、提供、购买、使用、持有、报废、销毁前款规定的物品。公安机关发现的,应当予以扣押;其他主管部门发现的,应当予以扣押,并立即通报公安机关;其他单位、个人发现的,应当立即向公安机关报告。

(3)违反本法规定,有下列情形之一的,由主管部门给予警告,并责令改正;拒不改正的,处10万元以下罚款,并对其直接负责的主管人员和其他直接责任人员处1万元以下罚款:

①未依照规定对枪支等武器、弹药、管制器具、危险化学品、民用爆炸物品、核与放射物品作出电子追踪标识,对民用爆炸物品添加安检示踪标识物的;

②未依照规定通过定位系统对运营中的危险化学品、民用爆炸物品、核与放射物品的运输工具实行监控的;

③违反国务院有关主管部门或者省级人民政府对管制器具、危险化学品、民用爆炸物品决定的管制或者限制交易措施的。

五、《危险化学品安全管理条例》

《危险化学品安全管理条例》(国务院令第591号)是现有的危险化学品道路运输安全

第五章 危险货物道路运输法规及标准

管理现行法规中内容最全面、层次最高的条例。其涉及危险货物道路运输的内容如下。

1. 《危险化学品安全管理条例》适用范围

在中华人民共和国境内对危险化学品生产、储存、使用、经营和运输的安全管理,必须遵守本条例和国家有关安全生产的法律、其他行政法规的规定。在境内运输危险化学品的,不仅包括经营性运输,也包括非营业性运输。

值得注意的是,民用爆炸品、烟花爆竹、放射性物质、核能物质和城镇燃气的安全管理不适用于《危险化学品安全管理条例》。

2. 危险化学品定义

根据《危险化学品安全管理条例》第三条,危险化学品是指具有毒害、腐蚀、爆炸、燃烧、助燃等性质,对人体、设施、环境具有危害的剧毒化学品和其他化学品。危险化学品以《危险化学品目录》为准。而《危险化学品目录》由国务院安全生产监督管理部门会同国务院工业和信息化、公安、环境保护、卫生、质量监督检验检疫、交通运输、铁路、民用航空、农业主管部门,根据化学品危险特性的鉴别和分类标准确定、公布,并适时调整。

拓展知识

(1) 剧毒化学品应属单独、特殊的一类。《危险化学品安全管理条例》对剧毒化学品道路运输有特殊要求,剧毒化学品以《危险化学品目录(2015版)》(国家安全生产监督管理总局等10部门公告2015年第5号)为准。

(2) 危险化学品与危险货物的关系。根据《危险化学品安全管理条例》第三条所表述的内容,无法判断"危险化学品"与"危险货物"的关系,但根据《危险化学品安全管理条例》第四十三条"从事危险化学品道路运输的,应当依照有关道路运输的法律、行政法规的规定,取得危险货物道路运输许可,并向工商行政管理部门办理登记手续"的规定,使两者在道路运输管理、许可方面建立了联系,即从事危险化学品道路运输的,应当取得危险货物道路运输的许可。

3. 交通运输部门的职责

根据《危险化学品安全管理条例》第六条第(五)款,交通运输部门的职责是:严把危险化学品道路运输企业的资质认定关,严把危险化学品道路运输从业人员(驾驶人员、装卸管理人员、押运人员)的资格认定关,严把危险化学品道路运输车辆的技术状况关。同时,根据"谁许可、谁负责"的原则,交通运输部门负责前述事项的监督检查,即"三关一监督"。

4. 资质认定制度

国家对危险化学品的运输实行资质认定制度,未经资质认定,不得运输危险化学品,即没有资质的运输属于违法运输。据此,交通运输部制定了《道路危险货物运输管理规定》。

5. 持证上岗制度

危险化学品道路运输企业应当对其驾驶人员、装卸管理人员、押运人员进行有关的安全知识培训;驾驶人员、装卸管理人员、押运人员必须掌握危险化学品运输的安全知识,并经所在地设区的市级人民政府交通运输主管部门考核合格后上岗作业;危险化学品的装卸作业必须在装卸管理人员的现场指挥下进行。

6. 对托运人(企业)的要求

(1)通过道路运输危险化学品的,托运人应当委托依法取得危险货物道路运输许可的企业承运。

(2)通过道路运输剧毒化学品的,托运人应当向运输始发地或者目的地县级人民政府公安机关申请剧毒化学品道路运输通行证。

(3)托运危险化学品的,托运人应当向承运人说明所托运的危险化学品的种类、数量、危险特性以及发生危险情况的应急处置措施,并按照国家有关规定对所托运的危险化学品妥善包装,在外包装上设置相应的标志。

(4)运输危险化学品需要添加抑制剂或者稳定剂的,托运人应当添加,并将有关情况告知承运人。

(5)托运人不得在托运的普通货物中夹带危险化学品,不得将危险化学品匿报或者谎报为普通货物托运。

(6)任何单位和个人不得交寄危险化学品或者在邮件、快件内夹带危险化学品,不得将危险化学品匿报或者谎报为普通物品交寄。邮政企业、快递企业不得收寄危险化学品。

7. 对包装物、容器的要求

(1)危险化学品生产企业应当提供与其生产的危险化学品相符的化学品安全技术说明书,并在危险化学品包装(包括外包装件)上粘贴或者拴挂与包装内危险化学品相符的化学品安全标签。化学品安全技术说明书和化学品安全标签所载明的内容应当符合国家标准的要求。

(2)危险化学品包装物、容器的材质以及危险化学品包装的形式、规格、方法和单件质量,应当与所包装的危险化学品的性质和用途相适应。

(3)危险化学品经营企业不得经营没有化学品安全技术说明书或者化学品安全标签的危险化学品。

(4)对重复使用的危险化学品包装物、容器,使用单位在重复使用前应当进行检查;发现存在安全隐患的,应当维修或者更换。使用单位应当对检查情况做好记录,记录的保存期限不得少于2年。

(5)危险化学品的包装应当符合法律、行政法规、规章的规定以及国家标准、行业标准的要求。

8. 对承运人(企业)的要求

(1)从事危险化学品道路运输的,应当依照有关道路运输的法律、行政法规的规定,取得危险货物道路运输许可,并向工商行政管理部门办理登记手续。

未依法取得危险货物道路运输许可从事危险化学品道路运输的,依照有关道路运输的法律、行政法规的规定处罚。

(2)危险化学品道路运输企业应当配备专职安全管理人员。

危险化学品道路运输企业未配备专职安全管理人员的,由交通运输主管部门责令改正,可以处 1 万元以下的罚款;拒不改正的,处 1 万元以上 5 万元以下的罚款。

(3)运输危险化学品应当根据危险化学品的危险特性采取相应的安全防护措施,并配备必要的防护用品和应急救援器材。用于运输危险化学品的槽罐以及其他容器应当封口严密,能够防止危险化学品在运输过程中因温度、湿度或者压力的变化发生渗漏、洒漏;槽罐以及其他容器的溢流和泄压装置应当设置准确、启闭灵活。

运输危险化学品,未根据危险化学品的危险特性采取相应的安全防护措施,或者未配备必要的防护用品和应急救援器材的,由交通运输主管部门责令改正,处 5 万元以上 10 万元以下的罚款;拒不改正的,责令停产停业整顿;构成犯罪的,依法追究刑事责任。

(4)通过道路运输危险化学品的,应当按照运输车辆的核定载质量装载危险化学品,不得超载。危险化学品运输车辆应当符合国家标准要求的安全技术条件,并按照国家有关规定定期进行安全技术检验。

超过运输车辆的核定载质量装载危险化学品的、使用安全技术条件不符合国家标准要求的车辆运输危险化学品的,由公安机关责令改正,处 5 万元以上 10 万元以下的罚款;构成违反治安管理行为的,依法给予治安管理处罚;构成犯罪的,依法追究刑事责任。

(5)危险化学品运输车辆应当悬挂或者喷涂符合国家标准要求的警示标志。

危险化学品运输车辆未悬挂或者喷涂警示标志,或者悬挂或者喷涂的警示标志不符合国家标准要求的,由公安机关责令改正,处 1 万元以上 5 万元以下的罚款;构成违反治安管理行为的,依法给予治安管理处罚。

(6)通过道路运输危险化学品的,应当配备押运人员,并保证所运输的危险化学品处于押运人员的监控之下。

通过道路运输危险化学品,不配备押运人员的,由公安机关责令改正,处 1 万元以上 5 万元以下的罚款;构成违反治安管理行为的,依法给予治安管理处罚。

(7)运输危险化学品途中因住宿或者发生影响正常运输的情况,需要较长时间停车的,驾驶人员、押运人员应当采取相应的安全防范措施;运输剧毒化学品或者易制爆危险化学品的,还应当向当地公安机关报告。

运输剧毒化学品或者易制爆危险化学品途中需要较长时间停车,驾驶人员、押运人员不向当地公安机关报告的,由公安机关责令改正,处 1 万元以上 5 万元以下的罚款;构成违反治安管理行为的,依法给予治安管理处罚。

(8)未经公安机关批准,运输危险化学品的车辆不得进入危险化学品运输车辆限制通行的区域。

运输危险化学品的车辆未经公安机关批准进入危险化学品运输车辆限制通行的区域的,由公安机关责令改正,处 5 万元以上 10 万元以下的罚款;构成违反治安管理行为的,依法给予治安管理处罚;构成犯罪的,依法追究刑事责任。

(9)通过道路运输剧毒化学品的,托运人应当向运输始发地或者目的地县级人民政府公安机关申请剧毒化学品道路运输通行证。

未取得剧毒化学品道路运输通行证,通过道路运输剧毒化学品的,由公安机关责令改正,处5万元以上10万元以下的罚款;构成违反治安管理行为的,依法给予治安管理处罚;构成犯罪的,依法追究刑事责任。

(10)危险化学品的装卸作业应当遵守安全作业标准、规程和制度,并在装卸管理人员的现场指挥或者监控下进行。

9. 对从业人员的要求

(1)危险化学品道路运输企业的驾驶人员、装卸管理人员、押运人员,应当经交通运输主管部门考核合格,取得从业资格。

危险化学品道路运输企业的驾驶人员、装卸管理人员、押运人员未取得从业资格上岗作业的,由交通运输主管部门责令改正,处5万元以上10万元以下的罚款;拒不改正的,责令停产停业整顿;构成犯罪的,依法追究刑事责任。

(2)运输危险化学品的驾驶人员、装卸管理人员、押运人员,应当了解所运输的危险化学品的危险特性及其包装物、容器的使用要求和出现危险情况时的应急处置方法。

为了便于驾驶人员、押运人员学习所运载的危险化学品的性质、危害特性、包装容器的使用特性和发生意外时的应急措施等知识,在《道路危险货物运输管理规定》第三十六条中提出了"驾驶人员或者押运人员应当按照《汽车运输危险货物规则》(JT 617)❶的要求,随车携带《道路运输危险货物安全卡》"的要求。

10. 对事故报告的要求

(1)剧毒化学品、易制爆危险化学品在道路运输途中丢失、被盗、被抢或者出现流散、泄漏等情况的,驾驶人员、押运人员应当立即采取相应的警示措施和安全措施,并向当地公安机关报告。公安机关接到报告后,应当根据实际情况立即向安全生产监督管理部门、环境保护主管部门、卫生主管部门通报。有关部门应当采取必要的应急处置措施。

剧毒化学品、易制爆危险化学品在道路运输途中丢失、被盗、被抢或者发生流散、泄漏等情况,驾驶人员、押运人员不采取必要的警示措施和安全措施,或者不向当地公安机关报告的,由公安机关责令改正,处1万元以上5万元以下的罚款;构成违反治安管理行为的,依法给予治安管理处罚。

(2)发生危险化学品事故时,事故企业主要负责人应当立即按照本企业危险化学品应急预案组织救援,并向当地安全生产监督管理部门和环境保护、公安、卫生主管部门报告;道路运输过程中发生危险化学品事故的,驾驶人员或者押运人员还应当向事故发生地交通运输

---

❶《汽车运输危险货物规则》(JT 617—2004)与《汽车运输、装卸危险货物作业规程》(JT 618—2004)已废止,由《危险货物道路运输规则》(JT/T 617—2018)替代。

主管部门报告。

六、《中华人民共和国道路运输条例》

《中华人民共和国道路运输条例》(国务院令第 752 号)对危险货物道路运输开业、经营、人员配备、安全生产制度、安全管理等方面有明确规定,主要内容有:

(1)从事危险货物运输经营的,向设区的市级人民政府交通运输主管部门提出申请。

(2)申请从事危险货物运输经营的,应当具备以下 4 项基本条件:①有 5 辆以上经检验合格的运输危险货物专用车辆、设备;②有经所在地设区的地市级人民政府交通部门考试合格,取得上岗资格证的驾驶人员、装卸管理人员、押运人员;③运输危险货物专用车辆配有必要的通信工具;④有健全的安全生产管理制度。

(3)运输危险货物应当采取必要措施,防止危险货物燃烧、爆炸、辐射、泄漏等。

(4)运输危险货物应当配备必要的押运人员,保证危险货物处于押运人员的监管之下,并悬挂明显的危险货物运输标志。

(5)托运危险货物时,应当向货运经营者说明危险货物的品名、性质、应急处置方法等情况,并严格按照国家有关规定包装,设置明显标志。

(6)危险货物运输经营者应当为危险货物投保承运人责任险。违反本规定未按规定投保承运人责任险的,由县级以上道路运输管理机构责令限期投保;拒不投保的,由原许可机关吊销道路运输经营许可证。

(7)法律、行政法规规定必须办理有关手续后方可运输的货物,货运经营者应当查验有关手续。

(8)违反本条例的规定,未取得道路运输经营许可,擅自从事道路运输经营的,由县级以上地方人民政府交通运输主管部门责令停止经营;有违法所得的,没收违法所得,处违法所得 2 倍以上 10 倍以下的罚款;没有违法所得或者违法所得不足 2 万元的,处 3 万元以上 10 万元以下的罚款;构成犯罪的,依法追究刑事责任。

七、《道路危险货物运输管理规定》

《道路危险货物运输管理规定》是指导危险货物道路运输业管理的基本法规,道路运输管理机构对危险货物道路运输企业的许可、管理和危险货物道路运输企业运营管理都要遵循本规定。

1. 基本结构和主要概念

《道路危险货物运输管理规定》共有总则、危险货物道路运输许可、专用车辆及设备管理、危险货物道路运输、监督检查、法律责任、附则,共七章六十八条。

该规定强调了几个基本概念:

(1)危险货物以列入国家标准《危险货物品名表》(GB 12268)的为准,未列入《危险货物品名表》的,以有关法律、行政法规的规定或者国务院有关部门公布的结果为准。

(2)危险货物道路运输是指使用载货汽车通过道路运输危险货物的作业全过程。

(3)危险货物道路运输车辆是指满足特定技术条件和要求,从事危险货物道路运输的载货汽车(以下简称专用车辆)。

(4)法律、行政法规对民用爆炸物品、烟花爆竹、放射性物质等特定种类危险货物的道路运输另有规定的,从其规定(即民用爆炸物品、烟花爆竹、放射性物质道路运输除外)。

2. 对企业的要求

(1)自有专用车辆(挂车除外)5辆以上;运输剧毒化学品、爆炸品的,自有专用车辆(挂车除外)10辆以上。

(2)有符合下列要求的停车场地:

①自有或者租借期限为3年以上,且与经营范围、规模相适应的停车场地,停车场地应当位于企业注册地市级行政区域内。

②运输剧毒化学品、爆炸品专用车辆以及罐式专用车辆,数量为20辆(含)以下的,停车场地面积不低于车辆正投影面积的1.5倍,数量为20辆以上的,超过部分,每辆车的停车场地面积不低于车辆正投影面积;运输其他危险货物的,专用车辆数量为10辆(含)以下的,停车场地面积不低于车辆正投影面积的1.5倍;数量为10辆以上的,超过部分,每辆车的停车场地面积不低于车辆正投影面积。

③停车场地应当封闭并设立明显标志,不得妨碍居民生活和威胁公共安全。

(3)有健全的安全生产管理制度:

①企业主要负责人、安全管理部门负责人、专职安全管理人员安全生产责任制度。

②从业人员安全生产责任制度。

③安全生产监督检查制度。

④安全生产教育培训制度。

⑤从业人员、专用车辆、设备及停车场地安全管理制度。

⑥应急救援预案制度。

⑦安全生产作业规程。

⑧安全生产考核与奖惩制度。

⑨安全事故报告、统计与处理制度。

3. 对从业人员的要求

(1)驾驶人员应当取得相应机动车驾驶证,年龄不超过60周岁。

(2)从事危险货物道路运输的驾驶人员、装卸管理人员、押运人员应当经所在地设区的市级人民政府交通运输主管部门考试合格,并取得相应的从业资格证;从事剧毒化学品、爆炸品道路运输的驾驶人员、装卸管理人员、押运人员,应当经考试合格,取得注明为"剧毒化学品运输"或者"爆炸品运输"类别的从业资格证。

(3)企业应当配备专职安全管理人员。

第五章 危险货物道路运输法规及标准

(4)驾驶人员、装卸管理人员和押运人员上岗时应当随身携带从业资格证。

(5)驾驶人员应当随车携带《道路运输证》。

(6)在危险货物道路运输过程中,除驾驶人员外,专用车辆上应当另外配备押运人员。押运人员应当对运输全过程进行监管。

(7)危险货物的装卸作业应当在装卸管理人员的现场指挥下进行。

(8)严禁违反国家有关规定和本规定超载、超限运输。

(9)危险货物道路运输从业人员必须熟悉有关安全生产的法规、技术标准和安全生产规章制度、安全操作规程,了解所装运危险货物的性质、危害特性、包装物或者容器的使用要求和发生意外事故时的处置措施。严格按照《危险货物道路运输规则》(JT/T 617)操作,不得违章作业。

(10)在危险货物运输过程中发生燃烧、爆炸、污染、中毒或者被盗、丢失、流散、泄漏等事故,驾驶人员、押运人员应当立即向当地公安部门和本运输企业或者单位报告,说明事故情况、危险货物品名、危害和应急措施,并在现场采取一切可能的警示措施,并积极配合有关部门进行处置。

4. 对专用车辆的要求

(1)技术要求应当符合《道路运输车辆技术管理规定》的有关规定。

(2)应当配备有效的通信工具。

(3)应当安装具有行驶记录功能的卫星定位装置。

(4)运输剧毒化学品、爆炸品、易制爆危险化学品的,应当配备罐式、厢式专用车辆或者压力容器等专用容器。

(5)罐式专用车辆的罐体应当经质量检验部门检验合格,且罐体载货后总质量与专用车辆核定载质量相匹配。运输爆炸品、强腐蚀性危险货物的罐式专用车辆的罐体容积不得超过 $20m^3$,运输剧毒化学品的罐式专用车辆的罐体容积不得超过 $10m^3$,但符合国家有关标准的罐式集装箱除外。

(6)运输剧毒化学品、爆炸品、强腐蚀性危险货物的非罐式专用车辆,核定载质量不得超过 10t,但符合国家有关标准的集装箱运输专用车辆除外。

(7)配备与运输的危险货物性质相适应的安全防护、环境保护和消防设施设备。

(8)应当按照国家标准《道路运输危险货物车辆标志》(GB 13392)的要求悬挂标志。

(9)禁止使用移动罐体(罐式集装箱除外)从事危险货物运输。

5. 对违法处罚的规定

(1)违反本规定,有下列情形之一的,由县级以上道路运输管理机构责令停止运输经营,有违法所得的,没收违法所得,处违法所得 2 倍以上 10 倍以下的罚款;没有违法所得或者违法所得不足 2 万元的,处 3 万元以上 10 万元以下的罚款;构成犯罪的,依法追究刑事责任:

①未取得危险货物道路运输许可,擅自从事危险货物道路运输的。

②使用失效、伪造、变造、被注销等无效危险货物道路运输许可证件从事危险货物道路运输的。

③超越许可事项,从事危险货物道路运输的。

④非经营性危险货物道路运输单位从事危险货物道路运输经营的。

(2)违反本规定,危险货物道路运输企业或者单位有下列行为之一,由县级以上道路运输管理机构责令限期投保;拒不投保的,由原许可机关吊销《道路运输经营许可证》或者《道路危险货物运输许可证》,或者吊销相应的经营范围:

①未投保危险货物承运人责任险的。

②投保的危险货物承运人责任险已过期,未继续投保的。

(3)违反本规定,危险货物道路运输企业或者单位以及托运人有下列情形之一的,由县级以上道路运输管理机构责令改正,并处5万元以上10万元以下的罚款,拒不改正的,责令停产停业整顿;构成犯罪的,依法追究刑事责任:

①驾驶人员、装卸管理人员、押运人员未取得从业资格上岗作业的。

②托运人不向承运人说明所托运的危险化学品的种类、数量、危险特性以及发生危险情况的应急处置措施,或者未按照国家有关规定对所托运的危险化学品妥善包装并在外包装上设置相应标志的。

③未根据危险化学品的危险特性采取相应的安全防护措施,或者未配备必要的防护用品和应急救援器材的。

④运输危险化学品需要添加抑制剂或者稳定剂,托运人未添加或者未将有关情况告知承运人的。

(4)违反本规定,危险货物道路运输企业或者单位未配备专职安全管理人员的,由县级以上道路运输管理机构责令改正,可以处1万元以下的罚款;拒不改正的,对危险化学品运输企业或单位处1万元以上5万元以下的罚款,对运输危险化学品以外其他危险货物的企业或单位处1万元以上2万元以下的罚款。

(5)违反本规定,道路危险化学品运输托运人有下列行为之一的,由县级以上道路运输管理机构责令改正,处10万元以上20万元以下的罚款,有违法所得的,没收违法所得;拒不改正的,责令停产停业整顿;构成犯罪的,依法追究刑事责任。

①委托未依法取得危险货物道路运输许可的企业承运危险化学品的。

②在托运的普通货物中夹带危险化学品,或者将危险化学品谎报或者匿报为普通货物托运的。

(6)违反本规定,危险货物道路运输企业擅自改装已取得《道路运输证》的专用车辆及罐式专用车辆罐体的,由县级以上道路运输管理机构责令改正,并处5000元以上2万元以下的罚款。

八、《道路运输从业人员管理规定》

《道路运输从业人员管理规定》(交通运输部令2019年第18号)是指导道路运输从业人

员管理工作的重要法规,对危险货物道路运输从业人员的从业资格管理、从业资格证件管理、从业行为等方面作出了具体规定。

1. 从业资格管理

(1)国家对经营性危险货物道路运输从业人员实行从业资格考试制度。经营性危险货物道路运输从业人员必须取得相应从业资格,方可从事相应的道路运输活动。

(2)道路运输从业人员从业资格考试应当按照交通运输部编制的考试大纲、考试题库、考核标准、考试工作规范和程序组织实施。危险货物道路运输从业人员从业资格考试由设区的市级人民政府交通运输主管部门组织实施,每季度组织一次考试。

(3)危险货物道路运输驾驶人员应当符合下列条件:

①取得相应的机动车驾驶证;

②年龄不超过60周岁;

③3年内无重大以上交通责任事故;

④取得经营性道路旅客运输或者货物运输驾驶人员从业资格2年以上或者接受全日制驾驶职业教育的;

⑤接受相关法规、安全知识、专业技术、职业卫生防护和应急救援知识的培训,了解危险货物性质、危害特征、包装容器的使用特性和发生意外时的应急措施;

⑥经考试合格,取得相应的从业资格证件。

(4)危险货物道路运输装卸管理人员和押运人员应当符合下列条件:

①年龄不超过60周岁;

②初中以上学历;

③接受相关法规、安全知识、专业技术、职业卫生防护和应急救援知识的培训,了解危险货物性质、危害特征、包装容器的使用特性和发生意外时的应急措施;

④经考试合格,取得相应的从业资格证件。

2. 从业资格证件管理

经营性危险货物道路运输从业人员经考试合格后,取得《中华人民共和国道路运输从业人员从业资格证》。

3. 从业行为规定

(1)经营性危险货物道路运输从业人员应当在从业资格证件许可的范围内从事道路运输活动。危险货物道路运输驾驶人员除可以驾驶危险货物道路运输车辆外,还可以驾驶原从业资格证件许可的道路旅客运输车辆或者道路货物运输车辆。

(2)道路运输从业人员应当按照规定参加国家相关法规、职业道德及业务知识培训。危险货物道路运输驾驶人员在岗从业期间,应当按照规定参加继续教育。

(3)危险货物道路运输驾驶人员不得超限、超载运输,连续驾驶时间不得超过4小时。

(4)经营性危险货物道路运输驾驶人员应当按照规定填写行车日志。行车日志式样由省级道路运输管理机构统一制定。

（5）经营性危险货物道路运输驾驶人员应当按照道路交通安全主管部门指定的行车时间和路线运输危险货物。危险货物道路运输装卸管理人员应当按照安全作业规程对道路危险货物装卸作业进行现场监督，确保装卸安全。危险货物道路运输押运人员应当对危险货物道路运输进行全程监管。

（6）危险货物道路运输从业人员应当严格按照《危险货物道路运输规则》（JT/T 617），不得违章作业。

（7）在危险货物道路运输过程中发生燃烧、爆炸、污染、中毒或者被盗、丢失、流散、泄漏等事故，危险货物道路运输驾驶人员、押运人员应当立即向当地公安部门和所在运输企业或者单位报告，说明事故情况、危险货物品名和特性，并采取一切可能的警示措施和应急措施，积极配合有关部门进行处置。

九、《道路运输车辆技术管理规定》

《道路运输车辆技术管理规定》（交通运输部令2019年第19号）全面系统地梳理了道路运输车辆技术管理工作，规范了道路运输车辆准入、使用、维护、检测、监督各个环节的管理，是道路运输车辆技术管理的新起点。其涉及危险货物道路运输的内容如下。

（1）车辆的外廓尺寸、轴荷和最大允许总质量应当符合《汽车、挂车及汽车列车外廓尺寸、轴荷及质量限值》（GB 1589）的要求。

（2）车辆的技术性能应当符合《机动车安全技术检验项目和方法》（GB 38900）的要求。

（3）车辆的燃料消耗量限值应当符合《营运客车燃料消耗量限值及测量方法》（JT/T 711）、《营运货车燃料消耗量限值及测量方法》（JT/T 719）的要求。

（4）车辆技术等级应当达到二级以上。危险货物道路运输车辆、国际道路运输车辆、从事高速公路客运以及营运线路长度在800km以上的客车，技术等级应当达到一级。技术等级评定方法应当符合国家有关道路运输车辆技术等级划分和评定的要求。

（5）危险货物道路运输车辆应当符合《危险货物道路运输规则》（JT/T 617）的要求。

（6）禁止使用报废、擅自改装、拼装、检测不合格以及其他不符合国家规定的车辆从事道路运输经营活动。

（7）道路运输经营者应当依据国家有关标准和车辆维修手册、使用说明书等，结合车辆类别、车辆运行状况、行驶里程、道路条件、使用年限等因素，自行确定车辆维护周期，确保车辆正常维护。车辆维护作业项目应当按照国家关于汽车维护的技术规范要求确定。

（8）道路运输经营者可以对自有车辆进行二级维护作业，保证投入运营的车辆符合技术管理要求，无须进行二级维护竣工质量检测。

道路运输经营者不具备二级维护作业能力的，可以委托二类以上机动车维修经营者进行二级维护作业。机动车维修经营者完成二级维护作业后，应当向委托方出具二级维护出厂合格证。

(9)道路运输经营者用于运输剧毒化学品、爆炸品的专用车辆及罐式专用车辆(含罐式挂车),应当到具备危险货物道路运输车辆维修条件的企业进行维修。

前款规定危险货物道路运输车辆的牵引车和其他运输危险货物的车辆由道路运输经营者消除危险货物的危害后,可以到具备一般车辆维修资质的企业进行维修。

(10)道路运输经营者应当自道路运输车辆首次取得《道路运输证》当月起,按照下列周期和频次,委托汽车综合性能检测机构进行综合性能检测和技术等级评定:

①危险货物道路运输车辆首次经国家机动车辆注册登记主管部门登记注册不满60个月的,每12个月进行1次检测和评定;超过60个月的,每6个月进行1次检测和评定。

②其他运输车辆自首次经国家机动车辆注册登记主管部门登记注册的,每12个月进行1次检测和评定。

危险货物道路运输车辆的综合性能检测应当委托车籍所在地汽车综合性能检测机构进行,也可以委托运输驻在地汽车综合性能检测机构进行。

十、《道路运输车辆动态监督管理办法》

《道路运输车辆动态监督管理办法》(交通运输部、公安部、应急管理部令2022年第10号)是指导道路运输车辆安装、使用具有行驶记录功能的卫星定位装置以及相关安全监督管理活动的重要法规。其涉及危险货物道路运输的内容如下。

(1)道路旅客运输企业、危险货物道路运输企业和拥有50辆及以上重型载货汽车或者牵引车的道路货物运输企业应当按照标准建设道路运输车辆动态监控平台,或者使用符合条件的社会化卫星定位系统监控平台,对所属道路运输车辆和驾驶人员运行过程进行实时监控和管理。

(2)旅游客车、包车客车、三类以上班线客车和危险货物运输车辆在出厂前应当安装符合标准的卫星定位装置。重型载货汽车和半挂牵引车在出厂前应当安装符合标准的卫星定位装置,并接入全国道路货运车辆公共监管与服务平台。

(3)道路旅客运输企业和危险货物道路运输企业监控平台应当接入全国重点营运车辆联网联控系统,并按照要求将车辆行驶的动态信息和企业、驾驶人员、车辆的相关信息逐级上传至全国道路运输车辆动态信息公共交换平台。

(4)道路旅客运输企业、危险货物道路运输企业和拥有50辆及以上重型载货汽车或牵引车的道路货物运输企业应当配备专职监控人员。专职监控人员配置原则上按照监控平台每接入100辆车设1人的标准配备,最低不少于2人。

第二节 危险货物道路运输技术标准

我国涉及危险货物道路运输的国家及行业标准主要有《危险货物分类和品名编号》(GB 6944—2012)、《危险货物品名表》(GB 12268—2012)、《道路运输危险货物车辆标志》

(GB 13392—2005)、《道路运输爆炸品和剧毒化学品车辆安全技术条件》(GB 20300—2018)、《汽车、挂车及汽车列车外廓尺寸、轴荷及质量限值》(GB 1589—2016)、《危险货物道路运输规则》(JT/T 617—2018)、《道路运输车辆技术等级划分和评定要求》(JT/T 198—2016)、《危险货物道路运输企业运输事故应急预案编制要求》(JT/T 911—2014)等。

一、国家标准

1.《危险货物分类和品名编号》(GB 6944—2012)

《危险货物分类和品名编号》(GB 6944)引用联合国《关于危险货物运输的建议书 规章范本》(第16修订版)的相关术语和定义,包括危险货物的定义,并规定了危险货物分类、危险货物危险性的先后顺序和危险货物编号,适用于危险货物运输、储存、经销及相关活动。具体内容参见本篇第二章内容。

2.《危险货物品名表》(GB 12268—2012)

《危险货物品名表》(GB 12268)规定了《危险货物品名表》的一般要求、结构和危险货物品名表,适用于危险货物运输、储存、经销及相关活动。《道路危险货物运输管理规定》规定,危险货物以列入《危险货物品名表》(GB 12268)的为准,未列入《危险货物品名表》(GB 12268)的,以有关法律、行政法规的规定或者国务院有关部门公布的结果为准。具体内容参见本篇第一章第二节。

3.《道路运输危险货物车辆标志》(GB 13392—2005)

危险货物道路运输车辆标志是危险货物道路运输车辆区别于其他车辆的主要标志,在危险货物道路运输过程中起到了重要的警示及救援参照作用,一旦发生运输安全事故,抢险救灾部门可根据标志提示,迅速确定危险货物的类别、项别,及时、正确地制订抢险方案,将事故危害降到最低程度。故危险货物道路运输车辆必须按照《道路运输危险货物车辆标志》(GB 13392)的要求悬挂符合国家标准的标志灯、标志牌。

标志牌一般悬挂于车辆后厢板或罐体后面的几何中心部位附近,避开车辆放大号;对于低栏板车辆可视情选择适当悬挂位置。运输爆炸、剧毒危险货物的车辆,应在车辆两侧面厢板几何中心部位附近的适当位置各增加一块悬挂标志牌。危险货物道路运输车辆标志牌样式及悬挂位置见表1-5-1。

危险货物道路运输车辆标志牌样式及悬挂位置　　　　表1-5-1

车辆类型	悬挂位置	图示
低栏板车辆	推荐悬挂于栏板上,必要时重新布置放大号	

续上表

车辆类型	悬挂位置	图示
厢式车辆	一般在车辆放大号的下方或上方,推荐首选下方;左右尽量居中。集装箱车、集装罐车、高栏板车类同	
罐式车辆	一般在车辆放大号下方或上方,推荐首选下方;左右尽量居中	
运输爆炸、剧毒危险货物的车辆	在车辆两侧面厢板各增加悬挂一块标志牌,悬挂位置一般居中	

二、行业标准

1.《危险货物道路运输规则》(JT/T 617—2018)

2018年8月29日,交通运输部发布了行业标准《危险货物道路运输规则》(JT/T 617—2018),2018年12月1日起正式实施。《汽车运输危险货物规则》(JT 617—2004)和《汽车运输、装卸危险货物作业规程》(JT 618—2004)废止。

《危险货物道路运输规则》(JT/T 617—2018)包括7个部分,对危险货物分类、运输包装、托运、装卸、道路运输等环节的操作要求进行了系统性规定。

《危险货物道路运输规则 第1部分:通则》(JT/T 617.1—2018),规定了危险货物的范围及运输条件、运输条件豁免、国际多式联运相关要求、人员培训要求、各参与方的安全要求以及安保防范要求;适用于危险货物道路运输。

《危险货物道路运输规则 第2部分:分类》(JT/T 617.2—2018),规定了道路运输危险货物的分类,包括分类的一般要求和具体规定;适用于道路运输危险货物的类别、对应的危险性类型和包装类别的确定。

《危险货物道路运输规则 第3部分:品名及运输要求索引》(JT/T 617.3—2018),规定了道路运输危险货物品名的一般要求、道路危险货物运输要求索引、特殊规定,以及有限数量危险货物和例外数量危险货物的道路运输要求;适用于危险货物道路运输。

《危险货物道路运输规则 第4部分:运输包装使用要求》(JT/T 617.4—2018),规定了道路运输危险货物包装、中型散装容器、大型包装、可移动罐柜、罐式车辆罐体的使用要求;适用于道路运输危险货物运输包装的选择和使用。

《危险货物道路运输规则 第5部分:托运要求》(JT/T 617.5—2018),规定了危险货物道路运输托运的一般要求,集合包装及混合包装的标记标志要求,包件的标记和与标志要求,集装箱、罐体与车辆的标志牌和及标记,运输单据;适用于危险货物道路运输的托运。

《危险货物道路运输规则 第6部分:装卸条件及作业要求》(JT/T 617.6—2018),规定了危险货物道路运输的装卸作业的一般要求、包件运输装卸条件、散装运输装卸条件、罐式运输装卸条件和装卸作业要求;适用于危险货物道路运输环节的装卸作业。

《危险货物道路运输规则 第7部分:运输条件及作业要求》(JT/T 617.7—2018),规定了危险货物道路运输的运输装备条件、人员条件及运输作业要求;适用于危险货物道路运输的运输作业。

2. 其他相关行业标准

与危险货物道路运输相关的行业标准还有:

(1)《危险货物道路运输企业运输事故应急预案编制要求》(JT/T 911—2014)。
(2)《危险货物道路运输企业安全生产管理制度编写要求》(JT/T 912—2014)。
(3)《危险货物道路运输企业安全生产责任制编写要求》(JT/T 913—2014)。
(4)《危险货物道路运输企业安全生产档案管理技术要求》(JT/T 914—2014)。
(5)《道路运输车辆技术等级划分和评定要求》(JT/T 198—2016)。
(6)《营运货车燃料消耗量限制及测量方法》(JT/T 719—2016)。
(7)《气瓶直立道路运输技术要求》(GB/T 30685—2014)。

拓展知识

在运输过程中与危险货物运输有关的当事人包括:危险货物生产企业、危险货物包装企业、危险货物仓储企业、危险货物经营企业以及货主、发货人、托运人、货运代理、第三方物流、承运人、收货人等。一个当事人可以兼任多个角色,如果危险货物生产企业直接向运输公司托运,则危险货物生产企业、货主、发货人和托运人将合为一方。如果某人从危险货物经营企业处购得货物,到仓库提货后,再委托货运代理办理托运手续,则就有多个当事人参与。而在运输合同的法律关系中,只规定了两个相互承担义务、享有权利的当事人,即托运人和承运人。一个当事人如果兼任了托运人和承运人,就应该同时承担托运人和承运人的责任。而分清了危险货物运输托运人和承运人的责任,其他当事人的责任就容易明确。

1. 危险货物道路运输托运人的责任

货物运输合同中,委托运输、交给货物并支付运费的当事人,称为货物运输托运人。

《中华人民共和国海商法》中,强调托运人是"与承运人订立货物运输合同的人"。也就是说,实际交付货物的人依法可成为运输合同中的托运人。但也不排除在特殊情况下,按法律的规定,把发货人、收货人、运输代理人作为托运方的连带责任人。

《中华人民共和国民法典》第八百二十八条规定:"托运人托运易燃、易爆、有毒、有腐蚀性、有放射性等危险物品的,应当按照国家有关危险物品运输的规定对危险物品妥善包装,做出危险物标志和标签,并将有关危险物品的名称、性质和防范措施的书面材料提交承运人。托运人违反前款规定的,承运人可以拒绝运输,也可以采取相应措施以避免损失的发生,因此产生的费用由托运人承担。"这一条款在法律上概括了托运人的责任。

1) 托运人关于货物的责任

(1) 托运人应向具有汽车运输危险货物经营资质的企业办理托运,且托运的危险货物应与承运企业的经营范围相符合。托运人不能托运国家禁止运输的货物。

(2) 托运人应如实详细填写运单上规定的内容,提交与托运的危险货物完全一致的安全技术说明书和安全标签。

危险货物运单应包括以下基本内容:

① 托运、承运、收货者的单位名称、联系人、电话、传真、地址、邮编;
② 收发货地点、收发货时间;
③ 危险货物品名、性质、编号、规格、数量、件重、包装形式、包装等级;
④ 凭证运输证明文件、运输特殊要求;
⑤ 运输注意事项。

(3) 托运人只能托运危险货物品名表上列名的货物。当托运未列入危险货物品名表的危险货物时,应提交与托运的危险货物完全一致的安全技术说明书、安全标签等材料。

(4) 危险货物性质或消防方法相抵触的货物应分别托运。

(5) 盛装过危险货物的空容器,未经消除危险处理、有残留物的,仍按原装危险货物办理托运。如果是未装过危险货物的新空包装,或虽装过危险货物但已经过彻底清洗并确认是消除危险状态的空包装可以不作危险货物托运。

(6) 使用集装箱运输危险货物的,托运人应提交危险货物装箱清单。如果集装箱或集合包装内部有不同品名的货物,托运人要确认这些货物的性质不会相互抵触发生化学反应,相抵触的,要分别托运。

(7) 托运需控温运输的危险货物,托运人应向承运人说明控制温度、危险温度和控温方法,并在运单上注明。

(8)托运食用、药用的危险货物,应在运单上注明"食用""药用"字样。

(9)托运需要添加抑制剂或者稳定剂的危险化学品,托运人交付托运时应当添加抑制剂或者稳定剂,并在运单上注明。

(10)托运凭证运输的危险货物,托运人应提交相关证明文件,并在运单上注明。

(11)托运危险废物、医疗废物,托运人应提供相应识别标识。

(12)托运人如果瞒报、错报货物的性质,或把危险货物托成普通货物,或在普通货物里夹带危险货物,则由托运人负全部法律责任。

2)托运人关于包装的责任

包装是安全的保障,对货物进行包装并确保其符合国家有关要求是托运人的责任。托运人必须对提交货物的包装负全部责任。对承运人而言,此部分内容只是作为常识了解即可。

(1)必须保证危险货物的包装符合国家法律、法规的规定以及国家标准、行业标准的要求。

(2)危险货物包装物、容器的材质以及危险货物包装的形式、规格、方法和单件质量(重量),应当与所包装的危险货物的性质和用途相适应。包装容器可能是危险货物生产企业自己生产制造的,也可能是由专门的危险货物包装企业制造的,也可能是货主在提交运输以前委托他人先行包装的。不管是什么情况,对于运输合同的双方而言,托运人应对其托运货物的包装质量负全部责任。托运人可就包装的不合格向有关各方交涉,但这与承运人无关。总之,货物的包装由托运人单独对承运人负全部责任。

(3)货物交付运输后,在启运前发现包装破损洒漏的,如不能证明是承托人的过错造成的,托运人有责任改换或修理包装;如果有证明是承运人的过错造成的,也应由托运人负责改换或修理包装,而由承运人赔偿托运人由此而造成的直接损失。改换或修理后的包装必须符合国家规定的要求。包装泄漏污染了车厢、货舱,托运人应提供清洗材料和方法。

(4)托运人托运货物的包装与国家规定的具体规定不一致时,托运人有责任向承运人提供包装试验和适用的情况及证明文件。

(5)集装箱或集合包装内部的所有单件包装都必须保证不采用集装箱或集合包装时,亦能达到国家规定的质量标准。

3)托运人关于包装标志和标签的责任

(1)托运人交运的货物包装外表必须有国家规定的各种包装标志,不得有可能引起歧义的文字、图案和无关的标志。

(2)识别标志必须由托运人自己制作、打印、粘贴,托运人要对其正确性负责。

(3)储运指示标志和危险性能标志可以由承运人提供,但必须由托运人自己粘贴在托运人所交付的货物包装的外表上,托运人要对这些标志使用的正确性负责。

(4)集装箱和集合包装的外表必须有箱内所有危险货物的性能标志。同时,箱内所有单件包装的外表都必须有本单件包装所装危险货物的性能标志。

(5)每件货物包装的外表都必须标有所装危险货物的《危险货物安全标签》。

4)托运人关于运输证单的责任

货物在运输业务流转活动中,每项业务活动都有相应的证明文件,记录业务活动的发生经过和结果。这些证明文件又称为运输证单(运单)。运输证单的种类很多,制作者也不相同:有属于承运者内部管理为明确各储运环节岗位责任的各种单据,有属于托运人与有关各方发生业务往来(如委托运输代理、委托包装检验等)的各种单据。

在货物合同运输中,对合同双方都有法律约束力的文件是运单。托运人如有特殊要求经承运人同意,特殊要求应在运单上载明。托运剧毒化学品,托运人需提供《剧毒化学品公路运输通行证》。

5)托运人关于收货的责任

收货人往往是运输合同缔约当事人以外的第三人,他虽未参与合同的订立,但享有向承运人领取货物、提出赔偿请求的权利,同时必须承担接收货物的义务。所以相对于承运人来说,收货人是托运方的连带责任人。

以上是从商业运输的角度为保证危险货物的运输安全,托运人应负的责任。非营业性运输实质上是托运人与承运人合一,除了经济赔偿责任的划分与商业运输不同以外,从危险货物运输安全的要求出发,则是同样的。非营业性危险货物运输,运输者必须承担起上述5方面运输危险货物的责任。而对交通运输管理部门来说,上述5方面的托运人责任既是处理合同运输承托双方纠纷的准则,更重要的是进行危险货物运输安全管理的标准。当然,危险货物承运人也有其相应的责任,但相比之下,托运人的责任对危险货物的运输安全起着主导的作用,是安全运输危险货物的内因。

2. 危险货物道路运输承运人责任

在我国危险货物道路运输实行许可制度。从事危险货物道路运输的,要取得交通运输部门的许可。

承运人是合同运输中提供运输工具并负责进行运输,而收取运输劳务费用的当事人;也是与托运人订立货物运输合同的人。托运人把危险货物交付给承运人,危险货物的保管责任即同时移交给承运人。在危险货物运输中,承运人各方都必须严格遵守有关危险货物的规定,明确中转交接手续,划清各环节的职责范围和责任,共同完成运输。

在整个承运期间,承运人要对所运危险货物的安全负责。完成一项完整的运输业务,有可能由一个运输企业承担,也有可能由几个运输企业共同承担,共同承担的企业应负连带责任。无论是哪种情况,运输过程的各个环节都有其各自的职责范围和相应的责任。需要强调指出的是,分清各个环节的责任,并不是推卸责任。

1) 危险货物托运受理时承运人的责任

承运人中的发货站承诺托运人委托运输的要求,并接受委托人交给货物的过程是托运的受理。受理完毕,发货站签署托运单,运输合同即告成立,各承运当事人都有按约定完成合同的义务。

受理是整个运输过程的开始。受理工作质量是危险货物运输全过程质量管理的基础。受理危险货物,除受理普通货物的一般规定必须遵守外,发货站还必须按危险货物的运输要求对托运人提交的运输证单和货物,对照各项规定进行全面、详尽、严格的审核。

(1) 对托运单的审核。托运人制作托运单的各项要求和规定是托运人的责任,托运人要对其递交的托运单准确性负责。发货站也有责任审核其所接受的托运单准确性,并就其准确性对承运人的其他各方负责。

(2) 对所托货物的审核。托运人必须确保其所托运递交货物的性能、包装、标志等各种情况与托运书的说明完全一致,托运人要对此负法律责任。汽车运输货物,运输批量相对小,受理人员可以对所托货物逐件检查。又可分以下两种情况。

①零担运输。货物的交付和运送是时间和空间分离的两个环节。承运人必须对所受理的危险货物的包装和标志逐件审核,审核的具体内容和要求即是托运人的责任。

②"门到门"的整车运输。这种运输形式,货物的交付不是与托运手续的办理同时进行,而是与运送连续进行,即没有仓储环节,货物在运送前交付,货物交付后即装车运送。

至于包装内容物受理人员不可能也不必对其性能、成分作审核。在包装完好无损、火漆封志或铅封丸完整的情况下,承运方不对包装的内容物负责。托运方要对其所交付货物的理化特性负全部责任。但受理方保留必要的审核权,在受理人员认为必要时,可以要求托运方启封开箱检查。但这不能理解成如果受理人员不行使保留审核权即是对包装内容物的默认,而应理解为相信托运人的陈述,由托运人对自己陈述的诚实性、准确性负责,这在法律上称为诚信法则。某些大批量的汽车运输无法对货物的包装和标志作逐步审核,奉行的仍是诚信法则。

2) 危险货物装卸时承运人的责任

在危险货物的储存前后和运送前后,都会发生货物的装卸和堆桩。把货物搬上运输工具称为装货;把货物搬下运输工具称为卸货;货物在仓库里或运输工具的车厢平台、货舱里堆放时称堆桩或堆垛。装卸、堆桩的安全操作对危险货物的安全尤为重要。

从装卸对象来分,装卸工作分为托运人装卸、承运人装卸及站场、装卸经营人装卸,即货物装卸有的是由货主来完成的,有的是由承运人负责装卸的,或者承运人或托运人承担装卸后,委托站场、装卸经营人进行装卸作业的。装卸完毕后,货物需要绑扎苫盖篷布的,装卸人员必须将篷布苫盖严密并绑扎牢固;由承、托运人或委托站场编制有关清单,做好交接记录;并按有关规定施加封志和外贴有关标志。承、托双方应履行交接手续,包装货物采取件收;集装箱重箱及其他施封的货物凭封志交接;散装货物原则上要磅交磅收或采取承托双方协商的交接方式交接。货物在装卸中,承运人应当认真核对装车的危险货物名称、质量、件数是否与运单上记载相符,包装是否完好。当发现破损、洒漏,要通知托运人,托运人调换包装或修理加固,征得承运人同意,承、托双方需做好记录并签章后,方可运输,由此产生的损失由托运人负责。交接后双方应在有关单证上签字。至此,危险货物的保管责任即移交给承运人,承运人就正式接受了危险货物的保管责任。

3) 危险货物运送和送达交付时承运人的责任

货物由运输工具从甲地运到乙地,称运送。货物运送到目的地,交付给收货人称送达或交付。

(1) 危险货物运输过程中,应随车配备押运人员,货物应随时处在押运人员的监管之下。车辆中途临时停靠,应安排人员看管;需要停车住宿或者遇有无法正常运输的情况时,应当向当地公安部门报告。随车人员严禁吸烟。行车作业人员不得擅自变更运行作业计划、严禁擅自拼装、超载。

(2) 运输危险货物的车辆严禁搭乘无关人员。运输爆炸品和需要特别防护的烈性危险货物,应要求托运人派熟悉货物性质的人员指导操作、交接和随车押运。

(3) 运输途中,押运人员应密切注意车辆所装载的危险货物动态,根据危险货物性质,定时停车检查,发现问题及时会同驾驶人员采取措施妥善处理。不得擅自离岗、脱岗。

(4) 运输途中不得进入危险货物运输车辆禁止通行的区域,如繁华街区、居民住宅区、名胜古迹和风景名胜区等;确需进入上述区域的,应当事先向当地公安部门申报,并遵守公安部门规定的行车时间和路线。

(5) 运输途中,发生危险货物被盗、丢失、流散、泄漏等情况时,承运人及押运人员必须立即向当地公安部门报告,并采取一切可能的警示措施。

(6) 货物抵达承运、托运双方约定的地点后,收货人应凭有效单证提(收)货物,无故拒提(收)货物的话,承运人可以索取因此造成的损失。

(7) 货物交付时,承运人应当与收货人做好交接工作,发现货损货差,由承运人与收货人共同编制货运事故记录,交接双方在货运事故记录上签字确认,见表1-5-2。

(8) 货物到达目的地后,承运人知道收货人的,应及时通知收货人,收货人应当及时提(收)货物,收货人逾期不提(收)货物的,承运人也不能因此免除保管责任,但收货人应当向承运人支付保管费等费用。收货人不明或者收货人无正当理由拒绝受领货物的,依照《中华人民共和国民法典》的规定,承运人可以提存货物。

货运事故记录单　　　　　　　　　　　　　　　　表 1-5-2

			运单号码	
			记录编号	

托运人		地址		电话		邮编	
收货人		地址		电话		邮编	
承运人		地址		电话		邮编	
车号		驾驶人员		起运日期	年 月 日 时	到达日期	年 月 日 时
出事地点		出事时间			记录时间		

原运单记载	编号	货物名称及规格型号	包装形式	件数	新旧程度	体积 长×宽×高 (cm)	质量 (kg)	保险保价价格

事故发生详细情况及原因分析				
承运人签章	年　月　日	托运人或收货人签章	年　月　日
注意事项	本记录应一式三份，承运人、托运人、责任方各一份，每增加一个责任方增加一份记录

注：货运事故记录单的规格应为长×宽＝220mm×170mm。

（9）货物待领期间，如果货物发生变化，危及安全，承运人有临机处置之权责，但最好是会同当地公安部门共同进行以备赔偿纠纷的解决。

第二篇

业务知识篇

　　根据培训和考核大纲要求，危险货物道路运输从业人员应了解其社会责任及职业道德，熟悉危险货物道路运输安全及事故应急处置；同时还应熟悉危险源的识别与防御性驾驶知识，了解危险货物道路运输包装常识，掌握危险货物道路运输押运知识和装卸安全知识。

　　本篇是针对危险货物道路运输驾驶人员、押运人员和装卸管理人员的业务培训内容，包括三种人员的从业基本要求和操作规范、安全意识及安全行车、运输安全及事故应急处置等知识。

第一章　危险货物道路运输从业人员职业道德

职业道德是人们从事正当的社会职业,并在履行其职责过程中思想和行为应遵循的准则和规范。它是依靠社会舆论、信心、习惯、传统和教育的力量来调整人与人之间及个人与社会之间关系的行为规范总和。

第一节　危险货物道路运输从业人员职业道德的基本要求

加强危险货物道路运输从业人员职业道德建设,提高从业人员素质,是危险货物道路运输从业人员履职尽责的重要保障。危险货物道路运输从业人员的职业道德是从业人员在履行其职业责任的过程中逐步形成的、普遍遵守的道德原则和行为规范,是社会对从事危险货物道路运输从业人员的一种特殊道德需求,是社会道德在道路运输活动中的具体体现。

从事危险货物道路运输的驾驶人员、押运人员、装卸管理人员在职业活动中,不仅要遵循社会道德,还要遵守危险货物道路运输从业人员职业道德。危险货物道路运输从业人员职业道德的基本要求如下。

一、爱祖国,爱人民

爱祖国、爱人民是社会主义道德的一个重要规范,也是从业人员行为的基本准则。作为驾驶现代交通运输工具的人员,必须树立对祖国、对人民高度负责的思想,时刻把人民生命和国家财产的安危放在第一位。每一位从业人员都要牢固树立"安全第一、预防为主"的思想。

二、爱岗敬业,优质服务

爱岗敬业是对人们工作态度的一种普遍要求,在任何部门、任何岗位的公民,都应爱岗敬业。从这个意义上说,爱岗敬业是社会公德中的一个最普遍、最重要的要求。

爱岗,就是热爱本职工作,能够尽心尽力地做好本职工作;敬业,就是用恭敬严肃的态度对待自己的职业,对自己的工作专心、认真、负责任。爱岗敬业也是相辅相成、相互支持的。在大力弘扬社会公德、职业道德的氛围下,只有热爱本职岗位,才能树立敬业精神。

优质服务的前提是爱岗敬业,不热爱自己专业的人谈不上敬业,更谈不上优质服务。危险货物道路运输从业人员应树立正确的人生观、价值观,增强职业责任感和事业心,圆满地完成运输任务;同时,要在工作中有所作为,就必须遵循工作规程,按照危险货物道路运输工作的实际要求提供科学、规范、安全、优质、高效的服务。只有具备了这样的思想意识,才能从思想上、行动上做好本职工作。

爱岗敬业,优质服务的具体要求是:

(1)树立良好的职业观,克服世俗偏见,爱本职,钻业务,干事业。

(2)要有优质服务的本领,努力提高专业技术和服务质量,时刻要为货主着想,热情周到,诚实守信,真诚待人。

(3)树立爱岗敬业的思想,扎扎实实做好本职工作,履行好岗位职责,讲求奉献,能够把自己的理想、信念和才智毫无保留地奉献给所在的工作岗位。

(4)树立信誉第一、质量至上的意识,建立稳定的货源渠道,取得良好的经济和社会效益。

(5)树立刻苦勤劳的工作态度,学会自我心理调节,保持良好心态,学习相关心理学知识,掌握服务技巧。

第二节　危险货物道路运输从业人员职业道德的主要内容

危险货物道路运输从业人员职业道德的主要内容如下。

一、文明经营,公平竞争

危险货物运输是货物运输中的一种,也是通过货物流动来实现产值和效益的。随着改革的不断加快,各行各业都在逐步与国际接轨,市场竞争日趋激烈,因此,创建一个文明有序、健康的运输市场是发展的必然要求。文明经营是服务业树立信誉的第一需要,即通过服务的方式,以平等、友好、热情的态度来对待客户,倡导行业文明,建立规范、有序的危险货物道路运输市场。公平竞争是要按照统一规则从事危险货物道路运输活动,通过不断革新经营理念,提升自己的服务技能和水平,采取正当手段公开、公平、公正地参与市场竞争,不得使用暴力、强制手段和其他不符合法律、法规规定的手段限制、干扰和影响其他经营者,不利用自己的优势地位和不正当手段排挤其他经营者,确保危险货物道路运输市场的规范和健康发展。危险货物道路运输从业人员要有正确的价值观念,提高竞争意识,主动适应市场、占有市场,提倡"文明经营、优质服务"。

二、遵纪守法,安全运输

遵纪守法,就是要遵守有关交通运输法规及行业管理规定。遵纪守法是危险货物道路运输从业人员职业道德基本要求之一,是从业人员的基本义务和必备素质。遵章行驶、遵章押运、遵章装卸,是危险货物道路运输从业人员职业道德的核心。一旦发生危险货物道路运输事故,会对社会及广大人民群众造成巨大而长远的影响。因此,危险货物道路运输从业人员必须遵纪守法。

与危险货物道路运输从业人员活动有关的法律法规主要包括:

第二篇

第一章　危险货物道路运输从业人员职业道德

（1）《中华人民共和国宪法》《安全生产法》等。

（2）与运输有关的法规，如《中华人民共和国道路运输条例》《危险化学品安全管理条例》《道路危险货物运输管理规定》以及地方性法规等，具体可参见第一篇第五章"危险货物道路运输法规及标准"中的相关内容。

（3）关于宏观调控的经济法律法规，如《中华人民共和国民法典》等。

职业纪律是在特定职业活动范围内从事某种职业的人们必须共同遵守的行为准则，它包括劳动纪律、组织纪律等。职业纪律具有明确的规定性和一定的强制性。职业纪律作为从业人员在上岗前就应明确，在工作中必须遵守、必须履行的职业行为规范，以行政命令的方式规定了职业活动中最基本的要求，明确规定了从业人员应该做什么，应该怎么做。比如规定了危险货物运输的防护规定和操作规程等。

安全运输主要是指保障货物完好无损地运送到目的地，并确保自身和车辆的安全。与社会上其他职业相比，危险货物道路运输驾驶人员、押运人员肩上的担子更重，他们肩负着保障国家和人民生命财产安全的重任。若驾驶人员、押运人员缺乏责任心，造成危险货物破损、泄漏、燃烧、爆炸等事故，不仅会影响运输任务的完成，而且还会产生严重的生命财产损失、生态环境污染和负面社会影响。因此，作为危险货物道路运输驾驶人员、押运人员和装卸管理人员，更应认真学习有关安全生产的法规、技术标准和安全生产规章制度、安全操作规程，学习危险货物道路运输的专业知识和发生意外事故时的处置措施；树立高度自觉遵守法规的思想，时时刻刻严格要求自己，加强自身道德修养，养成良好的遵纪守法的习惯和意识，确保运输安全，避免各类事故的发生。

三、钻研业务，规范操作

危险货物道路运输驾驶人员要提高运输效率，确保行车安全，必须掌握过硬技术，严格遵守操作规程，勤奋学习新知识、新技术，努力钻研驾驶技能，掌握所装运危险货物的理化性质、危害特性，包装物或者容器的使用要求和发生意外事故时的处置措施，以便更好地履行岗位职责。规范操作是钻研技术的具体表现，即在驾驶操作过程中按照技术要求，遵章循矩，逐步形成规范的技能技巧，尤其因为危险货物道路运输的特殊性，绝对不能盲目蛮干，且要重视实践，善于总结经验，掌握过硬的驾驶本领。

四、诚实守信，团结互助

诚实守信是为人处事的基本原则，也是个人能在社会生活中安身立命的根本。诚实守信是做人的一种品质，这种品质最显著的特点是一个人在社会交往中能够讲真话、讲信用，能忠实于事物的本来面貌，不歪曲事实，不隐瞒自己的真实思想，不掩饰自己的真实情感，不说谎，不作假，不为不可告人的目的而欺骗别人。要忠于自己承担的义务，答应别人的事一定要去做。

团结营造和谐人际氛围，互助增强企业凝聚力。团结互助是在当前社会分工充分的市场经济大潮中必须遵守的职业道德,也是道路运输行业特别强调的职业道德要求,特别是危险货物道路运输押运人员更应当有合作精神,共同完成危险货物道路运输任务。

团结互助就是要求从业人员之间平等尊重,顾全大局,互相学习,加强协作。平等尊重是指在社会生活和人们的职业活动中,不管彼此之间社会地位、生活条件、工作性质有多大差别,都应一视同仁、相互尊重、相互信任。顾全大局是指在处理个人与集体利益的关系上,要树立全局意识,不计较个人得失,自觉服从整体利益的需要。互相学习是团结互助道德规范的中心一环,是指尊重他人的长处,学习他人才能。俗话说,"三人行必有我师",互相学习才能共同进步。加强协作是指在职业活动中,为了完成职业工作任务,协调从业人员之间(包括工序之间、工种之间、岗位之间、部门之间)的关系,促进彼此之间相互帮助、互相支持、密切配合、搞好协作。

第二章　危险货物道路运输驾驶人员基本要求与操作规范

第一节　危险货物道路运输驾驶人员基本要求

一、文化程度

由于危险货物道路运输具有特殊性,若在运输、装卸、储藏作业中操作不当,就极易发生爆炸、燃烧、中毒、腐蚀等严重事故,造成大量人员伤亡、财产损失、环境破坏。因此,要求从事危险货物道路运输的驾驶人员,不仅要掌握驾驶车辆的技能,还要具备基本的文化知识,至少具备初中毕业以上的学历,以便能更全面和深入地了解所装运危险货物的性质、危害特性、包装物或者容器的使用要求和发生意外事故时的处置措施。

二、驾驶年龄

为保证危险货物道路运输安全,降低事故,要求从事危险货物道路运输的驾驶人员应取得相应机动车驾驶证,年龄不超过60周岁;具有经营性道路旅客运输或者货物运输驾驶人员从业资格2年以上,有3年内或5万km以上无重大以上交通责任事故的经历。

三、身体条件

由于危险货物的危害性,要求从事危险货物道路运输的驾驶人员要身体健康,无妨碍驾驶的疾病,同时,综合心理素质要合格。一般主要妨碍驾驶的疾病有:心血管系统疾病、神经系统疾病、精神障碍以及生理缺陷等。

四、资质要求

从事危险货物道路运输的驾驶人员须经所在地区的市级人民政府交通运输主管部门考试合格,取得危险货物道路运输从业资格证,方可上岗从业。从事剧毒化学品、爆炸品道路运输的驾驶人员,应当经考试合格,取得注明为"剧毒化学品运输"或者"爆炸品运输"类别的从业资格证。

五、专业技能

除了具备出色的驾驶技能外,从事危险货物道路运输的驾驶人员必须接受其所属企业或单位安排的有关安全生产法规、安全知识、专业技术、职业卫生防护和应急救援知识等方面的培训，了解危险货物理化性质、危害特征、包装容器的使用特性和发生意外或运输事故时的应急措施，还需接受其所属企业或单位安排的有关运输安全生产和基本应急知识等方面的考核；考核不合格的，不得从事相关工作。

在运输过程中，驾驶人员应当按照《危险货物道路运输安全卡》，了解所运输的危险货物的性质、危害特性、包装物或者容器的使用要求，以及发生突发事故时的处置措施，并严格执行有关标准，不得违章作业。

六、文明驾驶，安全行车

文明是社会进步的象征，精神文明建设是社会主义现代化建设中不可缺少的重要组成部分。驾驶人员的"文明"程度是社会主义精神文明的反映。危险货物道路运输驾驶人员的行为规范和准则与社会关系非常密切，驾驶人员要以社会和危险货物道路运输行业所公认的、所提倡的、正确的标准开展危险货物道路运输活动。在行驶中"礼让三先"，理解和尊重对方；不盲目开快车（图2-2-1），不开"英雄车"，不开"斗气车"；做到有理也让人，对他人的不良驾驶行为能够宽容、大度、忍让，充分体现应有的道德风尚，主动维护公共秩序和交通秩序。

图2-2-1　不得超速驾驶车辆

同时，《道路交通安全法》也要求机动车驾驶人员遵守道路交通安全法律、法规的规定，按照操作规范安全驾驶、文明驾驶，如不得酒后或疲劳驾驶车辆（图2-2-2、图2-2-3）。

图2-2-2　不得酒后驾驶车辆

图2-2-3　不得疲劳驾驶车辆

第二节　危险货物道路运输驾驶人员操作规范

一、出车前

（1）检查随车有关证件是否齐全有效。随车证件至少包括机动车驾驶证、机动车行驶证、道路运输证和道路运输从业人员从业资格证（图2-2-4）。

（2）检查车辆标志和安全技术状况，发生故障应立即排除（图2-2-5）。

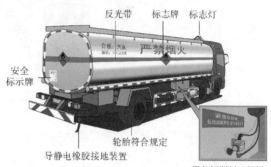

图2-2-4　随车证件　　　　　　　　　图2-2-5　检查车辆安全技术状况

（3）保证车厢底板平坦完好、栏板牢固，有衬垫防护措施（如铺垫木板、胶合板、橡胶板等），无残留物（图2-2-6）。

图2-2-6　采取衬垫防护措施

（4）检查车辆配备的消防器材，发现问题应立即更换或修理。

（5）领取并检查随车携带的遮盖、捆扎、防潮、防火、防毒等工属具和应急处理设备、劳动防护用品（图2-2-7）。

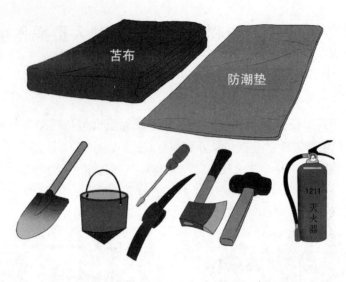

图 2-2-7　随车应急处理设备等

(6) 检查随车携带的《危险货物道路运输安全卡》是否与所运危险货物一致。

(7) 会同押运人员领取、收存本次运输任务的相关单据,并听取企业安全管理人员的安全告知(图 2-2-8)。

(8) 做好相关检查记录。

二、装载过程中

(1) 驶入装载作业区前,按照要求穿戴安全防护用具,上交打火机,关闭手机等通信工具和电子设备。

(2) 按照装卸管理人员要求停放车辆,发动机应熄火,并切断总电源(需从车辆上取得动力的除外)。

(3) 装载全程监督罐体阀门有无泄漏现象。

(4) 装载中不得离开车辆,会同押运人员监装,办理货物交接签证手续时应点收。

图 2-2-8　听取企业安全管理人员的安全告知

(5) 装载中需要移动车辆时,应先关上车厢门或栏板,或有相关人员监护,保证安全,起步要慢,停车要稳(图 2-2-9)。

(6) 装载后,检查货物的堆码、遮盖、捆扎等安全措施是否存在影响车辆起动的不安全因素。

(7) 车辆起动前,检查罐体阀门是否关好(图 2-2-10)。

第二章 危险货物道路运输驾驶人员基本要求与操作规范

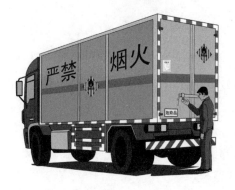

图 2-2-9　关好车厢门

图 2-2-10　检查罐体阀门

三、行车中

（1）系好安全带，不得有使用手机、抽烟等有碍行车安全的行为。

（2）根据道路交通状况控制车速，禁止超速和强行超车、会车（图2-2-11）。

（3）尽量避免紧急制动，转弯时车辆应减速（图2-2-12）。

图 2-2-11　禁止强行会车

图 2-2-12　转弯时应减速

（4）通过隧道、涵洞、立交桥时，要注意标高、限速（图2-2-13）。

（5）倒车时，应有押运人员指挥，严禁盲目倒车。

（6）停车后，应拉紧驻车制动。离开车辆时必须使发动机熄火，切断所有电源。

（7）根据货物性质定时停车检查货物状态和车辆安全技术状况，发现问题及时会同押运人员采取措施妥善处理。

（8）不得擅自离岗、脱岗；连续驾驶4小时，应至少休息20分钟（图2-2-14）。

图 2-2-13　通过隧道时注意标高、限速并开启前照灯

图 2-2-14　禁止疲劳驾驶

(9)禁止搭乘无关人员。

四、卸载过程中

(1)按照装卸管理人员要求停放车辆,关闭发动机并切断总电源(需从车辆上取得动力的除外)。

(2)卸载全程监督罐体阀门有无泄漏现象。

(3)卸载中不得离开车辆,会同押运人员监卸,办理货物交接签证手续时应点交。

(4)卸载后,检查车厢内是否有货物泄漏、残留。

(5)车辆回场起动前,检查罐体阀门是否关好。

五、收车后

(1)做好车辆安全技术状况检查(图2-2-15)。

图2-2-15　收车后检查车况

(2)归还随车携带的工属具和安全防护用品。

(3)会同押运人员交接当班作业单据。

(4)及时向安全管理人员报告运输作业过程中的车辆安全技术状况、货物包装状态和运输路线条件等方面的情况。

第三章　危险货物道路运输押运人员基本要求与操作规范

第一节　危险货物道路运输押运人员基本要求

一、文化程度

由于危险货物运输的特殊性，且危险化学品危害性较大，化学反应科学性知识复杂，因此，要求从事危险货物道路运输的押运人员，需具备基本的文化知识，要求押运人员具备初中毕业以上的学历，能够接受危险货物道路运输管理和企业规范管理要求。

二、身体条件

从事危险货物道路运输的押运人员必须身体健康，具有良好的心理素质和正常的工作心态，能够承受押运人员岗位工作强度，并能够在押运状态下正常履行岗位职责，年龄不超过60周岁。

三、资质要求

从事危险货物道路运输押运人员需经所在地设区的市级人民政府交通运输主管部门考试合格，取得危险货物道路运输从业资格证，方能上岗作业。

四、职业素养

从事危险货物道路运输的押运人员，应具有良好的思想素质和职业道德水平，不得有犯罪记录，具备良好的心理素质、工作责任心和社会责任感，有较强的自制能力，不计较个人得失，善于与他人协调和沟通，能服从工作安排，临危冷静，具有应急处置能力。

五、专业技能

从事危险货物道路运输的押运人员必须接受其所属企业或单位安排的有关安全生产法规、安全知识、专业技术、职业卫生防护和应急救援知识等方面的培训，了解危险货物理化性质、危害特征、包装容器的使用特性和发生意外事件或运输事故时的应急措施，还需接受其所属企业或单位安排的有关运输安全生产和基本应急知识等方面的考核；考核不合格的，不得从事相关工作。

押运人员除了掌握押运知识，监督驾驶人员规范操作外，还应当了解安全驾驶基本知识,在运输过程中,督促驾驶人员按照有关标准规范驾驶,不得违章作业。

第二节 危险货物道路运输押运人员操作规范

一、出车前

(1)检查随车有关证件是否齐全有效(图2-3-1)。

(2)协助驾驶人员检查车辆标志、安全技术状况,发生故障应立即排除。

(3)保证车厢底板平坦完好、栏板牢固,有衬垫防护措施(如铺垫木板、胶合板、橡胶板等),无残留物。

(4)协助驾驶人员检查车辆配备的消防器材,发现问题应立即更换或修理(图2-3-2)。

图2-3-1　随车证件　　　　　　　　　图2-3-2　检查随车灭火器

(5)协助驾驶人员领取并检查随车携带的遮盖、捆扎、防潮、防火、防毒等工属具和应急处理设备、劳动防护用品。

(6)检查随车携带的"道路运输危险货物安全卡"是否与所运危险货物一致。

(7)会同驾驶人员领取、收存本次运输任务的相关单据,并听取企业安全管理人员的安全告知(图2-3-3、图2-3-4)。

图2-3-3　确认行车路线　　　　　　　图2-3-4　协助驾驶人员做好出车前检查

(8)做好相关检查记录。

二、装载过程中

(1)进入装载作业区前,按照要求穿戴安全防护用具,上交打火机,关闭手机等通信工具和电子设备。

(2)会同装卸管理人员与托运人核对运单信息,并检查货物包装是否符合有关规定(图2-3-5)。

(3)装载全程监督罐体阀门有无泄漏现象(图2-3-6)。

图2-3-5　检查货物包装　　　　　图2-3-6　装载全程检查罐体阀门

(4)装载中不得离开车辆,会同驾驶人员监装,办理货物交接签证手续时应点收。

(5)装载中需要移动车辆时,督促驾驶人员应先关上车厢门或栏板,或监护车辆移动,确保安全。

(6)监督所装运危险货物质量在车辆核定载质量范围内,严禁超限超载(图2-3-7)。

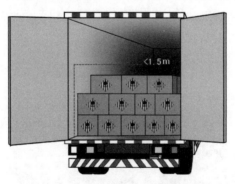

图2-3-7　严禁超限超载

(7)装载后,协助驾驶人员检查货物的堆码、遮盖、捆扎等安全措施是否存在影响车辆起动的不安全因素。

(8)车辆起动前,协助驾驶人员检查罐体阀门是否关好。

三、行车中

(1)系好安全带,督促驾驶人员规范驾驶操作,保证行车安全(图2-3-8)。

(2)全程监管货物,防止发生货损、货差(图2-3-9)。

图2-3-8 督促驾驶人员规范驾驶

图2-3-9 行车中防止货损、货差

(3)主动指挥驾驶人员倒车,禁止盲目倒车(图2-3-10)。

(4)提醒驾驶人员按规定时间或里程停车休息,制止驾驶人员疲劳驾驶行为(图2-3-11)。

图2-3-10 指挥驾驶人员倒车

图2-3-11 制止驾驶人员疲劳驾驶

(5)会同驾驶人员根据货物性质定时停车检查货物状态和车辆安全技术状况,发现问题及时采取措施妥善处理(图2-3-12)。

图2-3-12 定时停车检查货物状态和车辆状况

(6)不得擅自离岗、脱岗。

(7)如实做好车辆运行(时间、速度、临时停车地点等)和货物捆扎、紧固检查、突发事件情况等记录。

四、卸载过程中

(1) 核对客户单位、货物品种、数量是否与"运单"相符。
(2) 卸载全程监督罐体阀门有无泄漏现象。
(3) 卸载中不得离开车辆,会同驾驶人员监卸,办理货物交接签证手续时应点交。
(4) 检查货物包装是否完好无损,堆垛码放是否符合要求。
(5) 卸载后,检查车厢内是否有货物泄漏、残留。
(6) 车辆回场起动前,协助驾驶人员检查罐体阀门是否关好。

五、收车后

(1) 协助驾驶人员做好车辆安全技术状况检查。
(2) 协助驾驶人员归还随车携带的工属具和安全防护用品。
(3) 会同驾驶人员交接当班作业单据。
(4) 及时向安全管理人员报告运输作业过程中的有关客户、运输安全、质量方面的情况。

第三节　各类危险货物道路运输的押运要求

一、气体

1. 出车前

(1) 装载前应对货车车厢进行彻底清扫,车厢内不得有与所装货物性质相抵触的残留物,车厢内严禁乘人。
(2) 夏季运输应检查并保证瓶体遮阳设施、瓶体冷水喷淋降温设施等安全有效;除另有限运的规定外,当运输过程中瓶内气体的温度可能高于40℃时,应对瓶体实施遮阳、冷水喷淋降温等措施。

2. 装卸过程

(1) 装卸人员应根据所装气体的性质穿戴防护用品,必要时需戴好防毒面具;装卸大型气瓶或气瓶集装箱,在起重机下操作时必须戴好安全帽。
(2) 散装气瓶装车时要旋紧瓶帽,注意保护气瓶阀门,防止撞坏。车下人员须待车上人员将气瓶放妥后,才能继续往车上装瓶。在同一车厢内,不准有两人以上同时装车。
(3) 卸车时,采用液压举升装置在气瓶落地处铺上铅垫或橡胶垫,逐个卸车,严禁溜放。
(4) 装卸作业时,不要把阀门对准人身,注意防止气瓶安全帽脱落,气瓶应竖立转动,不准脱手滚瓶或传接,气瓶竖放时必须稳妥。装卸作业应按照《气瓶直立道路运输技术要求》(GB/T 30685—2014)规范操作。
(5) 装运大型气瓶(盛装净质量在0.5t以上的)或成组集装气瓶时,瓶与瓶、集装架与集装架之间需要填牢木塞,集装架的瓶口应朝向行车的上方或左方,在车厢后栏板与气瓶空隙处必须有固定支撑物,并用紧绳器紧固,严防气瓶滚动,重瓶不准多层装载。

(6)装卸毒性气体时,根据货物特性,应预先采取相应的防毒措施。装卸氧气瓶时,要注意工作服、手套和装卸工具上不得沾有油脂。使用的装卸机械工具应装有防止产生火花的防护装置,不得使用电磁起重机搬运。库内搬运应备有橡胶车轮的专用小车,并将装瓶槽木架固定在小车上。

3. 运输过程

(1)当罐内液温达到40℃时,应有遮阳或罐体用冷水喷淋降温等设备,防止暴晒。车上严禁吸烟,并应配备有相应的灭火器材,如干粉或清水灭火器、二氧化碳灭火器等,严禁使用四氯化碳灭火器。

(2)运输气瓶途中应尽量避免紧急制动,转弯时车辆应减速。

(3)运输低温液化气体的罐体及设备受损、真空度遭破坏时,驾驶人员、押运人员应站在上风口操作,打开放气阀卸压,注意防止烫伤,一旦发生紧急情况,驾驶人员应将车辆开到距火源较远的地方。

(4)压缩气体遇燃烧、爆炸等险情时,应向气瓶大量浇水,使其冷却并及时移出危险区域。气瓶从火场上抢出后,应及时通知有关技术部门另做处理,不可擅自继续运输。发现易燃气体、助燃气体泄漏时,应及时拧紧阀门。毒性气体泄漏时,应迅速将车移到空旷安全处,戴上防毒面具,站在上风处抢修。易燃、助燃气体泄漏时,严禁火种靠近。

二、易燃液体

1. 出车前

根据所装货物和包装情况(如化学试剂、油漆等小包装),随车携带好遮盖、捆扎等防散失工具,并检查随车灭火器是否完好,车辆货厢内不得有与易燃液体性质相抵触的残留物。

2. 装卸过程

(1)装卸作业现场必须远离火种、热源。操作时,货物不准撞击、摩擦、拖拉;装车堆码时,桶口、箱盖一律向上,不得倒置,箱装货物,堆码整齐,最高一层如超过栏板,必须向内错位骑缝堆装,罩好网罩,用绳捆扎牢固。

(2)钢桶盛装的易燃液体,不得从高处翻滚卸车,从车上溜放或滚动操作时,应采取防止火星的措施,周围需有人接应,严防钢桶撞击致损。

(3)钢制包装件多层装载时,层间必须采取合适衬垫,并应捆扎牢固。

(4)对低沸点或易聚合的易燃液体,如发现其包装容器内装物膨胀(鼓桶)现象,不得继续装车。

3. 运输过程

(1)运输易燃液体,车上人员不准吸烟,车辆不得接近明火、高温场所。装运易燃液体的罐车应有导静电拖地带,罐内应设有孔隔板以减少振荡产生静电。

(2)装运易燃液体的车辆,严禁搭乘无关人员,途中应经常检查车上货物的装载情况。发现异常情况时,应及时采取有效措施。

三、易燃固体、易于自燃的物质、遇水放出易燃气体的物质

1. 出车前

(1)危险货物道路运输车辆货厢、随车工属具应保持干净、干燥,不得沾有水、酸类和氧化剂。

(2)运输遇水放出易燃气体的物质,应采取有效的防水、防潮措施。

2. 装卸过程

(1)应远离火种、热源,防止阳光直射,包装容器应密封,搬运时应轻装轻卸,不得摩擦、撞击、振动、摔碰。

(2)装卸易燃固体时,不得与明火、水接触,不得与酸类和氧化剂配装。

(3)装卸易于自燃的物质时,应避免与空气、氧化剂、酸类等接触;对需用水(如黄磷)、煤油、石蜡(如金属钠、钾)、惰性气体(如三乙基铝等)或其他稳定剂进行防护的包装件,应防止容器受撞击、振动、摔碰、倒置等造成容器破损,避免易于自燃的物质与空气接触发生自燃。

(4)遇水放出易燃气体的物质,不得与酸类、氧化剂及含水的液体货物混装,不宜在潮湿的环境下装卸。若不具备防雨雪的条件,不准进行装卸作业。

(5)装卸容易升华、挥发出易燃、有害或刺激性气体的货物时,应注意现场通风良好、防止中毒;作业时应防止摩擦、撞击,以免引起燃烧和爆炸。

(6)装卸钢桶包装的碳化钙(电石)时,应确认包装内有无填充保护气体。如未填充的,在装卸前应侧身轻轻地拧开桶上气口放气,防止爆炸、冲击伤人。电石桶不得倒置。

(7)硝基化合物对撞击敏感,遇高热、酸易分解、爆炸,搬运时应轻装轻卸;装运时不得与酸性腐蚀性物质及有毒或易燃脂类危险货物混装。

3. 运输过程

运输过程中,应尽可能合理地保持阴凉,避开热源,包括阳光直射,防止受潮,通风良好。

四、氧化性物质和有机过氧化物

1. 出车前

(1)有机过氧化物应选用控温厢式货车;若货厢为铁质底板,需铺有防护衬垫。货厢应隔热、防雨、通风,保持干燥。

(2)危险货物道路运输车辆的货厢、随车工具应打扫干净,保持干燥,不得沾有酸类、煤炭、砂糖、面粉、淀粉、金属粉、油脂、磷、硫、洗涤剂、润滑剂或其他松软、粉状等可燃物质。

(3)性质不稳定或由于聚合、分解在运输中能引起剧烈反应的危险货物,应加入稳定剂;

有些常温下会加速分解的货物,应控制温度。

(4)要控温运输的危险货物应保持规定的温度,并应做到:

①装车前彻底检查运输车辆、容器及制冷设备。

②驾驶人员和押运人员具备熟练操作制冷系统的能力。

③配备备用制冷系统或备用部件。

2. 装卸过程

(1)轻装轻卸,禁止摩擦、振动、摔碰、拖拉、翻滚、冲击,杜绝野蛮装卸作业,防止包装及容器损坏。

(2)装卸时发生包装破损,不能自行更换包装,不得将洒漏物装入原包装内,必须另行处理。操作时,不得踩踏、碾压洒漏物,绝对禁止使用金属和可燃物(如纸、木等)处理洒漏物。

(3)如货物外包装为金属容器,装车时应单层摆放,需多层装载时,应采用性质上与所运物质相容且不易燃材料的衬垫,使用非易燃的加固和防护材料。

(4)装卸操作应避免包装件阳光直晒、淋雨、受潮。

(5)漂白粉及无机氧化剂中的亚硝酸盐、亚氯酸盐、次亚氯酸盐不得与其他氧化剂配装。

3. 运输过程

(1)氧化剂不能和易燃物质混装运输,尤其不能与酸、碱、硫黄、粉尘类(如炭粉、糖粉、面粉、洗涤剂、润滑剂、淀粉)、油脂类货物配装。

(2)有机过氧化物运输严禁混有杂质,特别是酸类、重金属氧化物、胺类等物质。

(3)有机过氧化物的混合物按所含最高危险有机过氧化物的规定条件运输,并确定自行加速分解温度(SADT),必要时控制温度。

(4)针对在通常情况下不要求温度控制运输的有机过氧化物,在环境温度超过55℃时,必须进行温度控制。

(5)运输组件内空气温度应该由两个相互独立的传感器来测量,其输出应该被记录,以便于温度改变容易被发觉。其温度应该每4~6小时检查一次,并记录下来。当所运物质温度低于25℃时,这个运输组件应该安装报警装置,电源和制冷系统相互独立,设定工作或低于控制温度。

(6)运输过程中,温度超过控制温度,必须采取相应补救措施;温度超过应急温度,必须启动有关应急程序。

(7)有机过氧化物必须放入稳定剂后方可运输。

(8)远离热源,严禁受热、淋雨、受潮,避免阳光直晒,保持通风。

五、毒性物质和感染性物质

(一)毒性物质

1. 出车前

(1)除有特殊包装要求的剧毒品采用化工物品专业罐车运输外,毒性物质应采用厢式货车或罐车运输。

（2）根据所装卸货物的毒性、状态及包装,应携带好相应的劳动防护用品(如工作服、手套、防毒口罩或面具)、防散失、防雨、捆扎等工属具。

2. 装卸过程

（1）装卸人员应根据不同货物的危险特性,分别穿戴好相适应的防护服装、手套、防毒口罩、面具和护目镜等。严禁赤脚、穿背心短裤,皮肤破伤者不能装卸毒性物质。

（2）装卸作业前对刚开启的仓库、集装箱、封闭式车厢要先通风排气,驱除积聚的毒性气体,各种毒性物质低于最高容许浓度才能作业。

（3）认真检查货物包装,尤其是包装外表,应无残留物,特别是剧毒、粉状的货物,包装外表更应加以注意。发现包装破损、渗漏,则拒绝装运。

（4）装卸操作时,作业人员尽量站在上风处,不能在低洼处久待,应做到轻拿轻放,尤其是对易碎包装件或纸质包装件不能摔摁,避免损坏包装使毒性物质洒漏造成危害。

（5）堆码时,要注意包装件上的图示标志(GB 191),不能倒置,堆码要靠紧堆齐,桶口、箱口向上,袋口朝里。小件易失落货物(尤其是剧毒品氰化物、砷化物、氰酸酯类),装车后必须用苫布严盖,并捆扎牢固。

（6）对刺激性较强的和散发异臭的毒性物质,装卸人员应采取轮班作业。在夏季高温期,尽量安排在早晚气温较低时作业;晚间作业,应用防爆式或封闭式的安全照明。雪、冰封时作业,应有防滑措施。

（7）无机毒性物质不得与酸性腐蚀性物质配装,不得与易感染性物质配装。

（8）有机毒性物质不得与爆炸品、助燃气体、氧化剂、有机过氧化物等酸性腐蚀性物质配装。

（9）忌水的毒性物质(如磷化铝、磷化锌等),应防止受潮。

（10）毒性物质严禁与食用、药用及生活用品等同车拼装。装运后的车辆及工属具要严格清洗消毒,未经安全管理人员检验批准,不得装运食用、药用、生活等用品及活的动物。

（11）装卸作业人员不能在货物上坐卧、休息,不能用衣袖擦汗。如皮肤受到沾污,要立即用清水冲洗干净。

（12）要尽量减少与毒性物质的接触时间,现场监护人要加强对作业人员的关注,发现有头晕、恶心、呕吐、呼吸困难、惊厥、昏迷等现象,要立即移送到新鲜空气处,脱去污染的衣着,服用1%的硫代硫酸钠(大苏打)水溶液,及时送医院抢救。

（13）作业结束后要换下防护服,洗手洗脸后才能进食饮水吸烟。工前、工后都应禁止饮酒。防护用品每次使用后,必须集中清洗,不能穿戴回家。

3. 运输过程

装运毒性物质时,要每隔2小时检查一次包装件的捆扎情况,防止丢失。行车中避开高温、明火场所。

(二)感染性物质

1. 出车前

(1)作业人员应接受相关专业技术、安全防护以及应急处理等知识的培训。应穿戴专用安全防护服和用具。定期体检,必要时,对有关人员进行免疫接种,防止健康受到损害。

(2)认真检查盛装感染性物质的每个包件外表的警示标识,核对医疗废物标签,标签内容包括:医疗废物产生单位、产生日期、类别及需要的特别说明等。标签、封口不符合要求时,拒绝运输。

(3)道路运输医疗废物车辆应有明显的医疗废物标识,须达到防渗漏、防遗洒及其他环境保护和卫生要求。运送医疗废物的车辆不得运送其他物品。

2. 装卸过程

(1)根据不同的医疗废物分类,作业人员在工作中应穿戴好相适应的防护服装、手套、防毒口罩、面具和护目镜等。

(2)作业人员被医疗废物刺伤、擦伤等伤害时,应采取相应的处理措施,并及时报告相关部门。

3. 运输过程

(1)按照有关部门规定的时间和路线,从医疗废物产生地点运送至指定地点。

(2)在运送医疗废物时,应防止包装物或容器破损和医疗废物的流失、泄漏和扩散,并防止医疗废物直接接触身体。

(3)运输过程中,车厢内温度应控制在所运送医疗废物要求的温度范围之内。

(4)运送医疗废物的专用车辆,应当在医疗废物集中处置场所内及时进行运输后的消毒和清洁。

六、腐蚀性物质

1. 出车前

根据危险货物性质配备相应的防护用品和应急处理器具。

2. 装卸过程

(1)装卸作业前应穿戴耐腐蚀的防护用品,对易散发有毒蒸气或烟雾的,应备有防毒面具,并认真检查包装、封口是否完好,要严防渗漏,特别要防止外包装破烂脱底。

(2)装卸作业时,应轻装、轻卸,防止容器受损。液体腐蚀性物质不得肩扛、背负;忌振动、摩擦的货物或易碎容器包装的货物,不得拖拉、翻滚、撞击,没有封盖的包装件不得堆码装运。

(3)具有氧化性的货物不得接触可燃物和还原剂。

(4)有机腐蚀性物质严禁接触明火、高温或氧化剂。

(5)酸性腐蚀性物质与碱性腐蚀性物质不得混装,无机酸性腐蚀性物质不得与有机腐蚀性物质混装。

(6)装载必须按规定标记吨位装载,并留有相应的膨胀余位,严禁超载。

3.运输过程

(1)运输途中发现货物洒漏时,要立即用干砂、干土覆盖吸收,清除干净后用清水清洗;大量溢出时,应立即向当地公安、环保等部门报告,并采取一切可能的警示措施。酸性货物洒漏,用碱性稀溶液中和,碱性货物洒漏,用酸性稀溶液中和。

(2)运输途中发现货物着火时,不得用水柱直接喷射,以防腐蚀性物质飞溅;对遇水发生剧烈反应,能燃烧、爆炸或放出毒性气体的货物,不得用水扑救。着火货物是强酸时,应尽可能抢出货物,以防止高温爆炸、酸液飞溅,无法抢出时,可用大量水将其容器降温。

(3)事故扑救人员必须穿戴防护用品,对易散发腐蚀性蒸气或毒性气体的货物,必须使用防毒面具。扑救人应站在上风处。

(4)如果有人被腐蚀性物质灼伤,应立即用大量水冲洗以稀释酸、碱性,必要时送医院救治。

第四章　危险货物道路运输装卸管理人员基本要求与操作规范

第一节　危险货物道路运输装卸管理人员基本要求

一、文化程度

危险货物道路运输的特殊性，以及危险货物化学特性的复杂性和科学性，要求从事危险货物道路运输的装卸管理人员，应具备基本的文化知识，具备初中毕业以上的学历。

二、身体条件

危险货物道路运输的危害性要求从事危险货物道路运输的装卸管理人员要身体健康，适宜操纵机械和从事危险货物装卸作业。

三、思想素质

从事危险货物道路运输的装卸管理人员必须遵守国家各项法律、法规及国家标准、行业标准，热爱本职工作，政治思想素质好，责任心强，具有良好职业道德。

四、资质要求

从事危险货物道路运输的装卸管理人员应当经所在地设区的市级人民政府交通运输主管部门考试合格，并取得道路危险货物从业资格证，方能上岗作业。

五、专业技能

从事危险货物道路运输的装卸管理人员须有从事道路货物运输业经营管理工作3年以上的经历，或从事经济管理工作5年以上的经历，经过危险货物专业知识培训和装卸作业实际操作训练，掌握危险货物装卸技能及包装、容器的分类、标志、标识和使用特性，了解危险货物事故应急处理措施，并至少经过3个月以上的实习。

从事危险货物道路运输的装卸管理人员应掌握道路运输生产组织、运输车辆选配、运输生产劳动组织等相关运输企业管理知识。运输车辆选配对危险货物运输生产安全非常重要，因为不同危险货物对运输车辆及包装容器的要求不同，若选择的车辆不当，将会造成极大的安全隐患，甚至发生安全事故。如：运输爆炸品须选用厢式车，运输有机过氧化物须选用控温车型,装运不同的液体危险货物须选用不同材质的罐车等。

第二节 危险货物道路运输装卸管理人员操作规范

一、装卸前

(1)在装卸作业区设置警告标志,无关人员不得进入。

(2)遇雷雨天气应确认避雷电、防湿潮措施有效。

(3)清理装卸作业区,确保不存在影响装卸作业安全的其他物品或环境条件。

(4)监督装卸作业人员、驾驶人员和押运人员穿戴安全防护用具(图2-4-1)。

图2-4-1 监督在场工作人员穿戴安全防护用具

(5)要求装卸作业人员检查装卸机具状况是否良好。

(6)会同押运人员和托运人核对运单信息,并检查货物包装是否符合有关规定。

(7)检查随车有关证件是否齐全有效,车辆标志、安全技术状况是否良好,发生故障应立即排除。

(8)要求驾驶人员按照安全规定驶入装卸作业区,将车辆停放在容易驶离作业现场的方位上,不准堵塞安全通道。

(9)要求驾驶人员停车后发动机熄火,并切断总电源(需从车辆上取得动力的除外)。

二、装卸过程中

(1)在装卸现场,全程指挥装卸作业人员按照有关规定进行装卸、堆放作业(图2-4-2)。

(2)根据货物和包装性质,要求装卸作业人员轻装轻卸,谨慎操作(图2-4-3)。

(3)监督装卸危险货物的托盘、手推车应尽量专用(图2-4-4)。

(4)要求驾驶人员和押运人员在装卸中不得离开车辆,共同监装、监卸。

(5)装载中需要移动车辆时,督促驾驶人员应先关上车厢门或栏板,或监护车辆移动,保证安全。

图 2-4-2　指挥装卸作业人员按规定操作　　图 2-4-3　要求装卸作业人员谨慎操作

（6）监督所装运危险货物质量在车辆核定载质量范围内，严禁超限超载（图 2-4-5）。

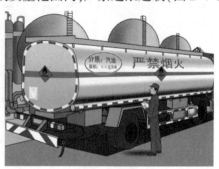

图 2-4-4　监督装卸工具车设备专用　　图 2-4-5　严禁超载

（7）装卸现场温度超过 35℃时，应停止装卸作业，或要求作业人员喷淋降温至 30℃以下。

（8）雷电交加时，应要求停止作业（图 2-4-6）。

图 2-4-6　严禁在雷电天气下作业

三、装卸后

（1）协助驾驶人员检查货物的堆码、遮盖、捆扎等安全措施是否存在影响车辆起动的不安全因素（图 2-4-7）。

第四章 危险货物道路运输装卸管理人员基本要求与操作规范

图 2-4-7　检查货物堆码

（2）检查车辆罐体阀门是否关好。

（3）指挥驾驶人员将车辆安全驶离装卸作业区。

（4）彻底清扫装卸作业区，洗刷、除污被污染的车辆和工具。

（5）将撒漏物和污染物送到当地环保部门指定地点集中处理。

（6）禁止在装卸作业区内维修危险货物运输车辆。

（7）及时搜集客户对装卸质量的反馈信息，并及时反馈企业经营部门。

第五章　危险货物道路运输安全意识及安全行车

第一节　危险货物道路运输安全驾驶

安全驾驶是对危险货物道路运输驾驶人员的基本要求。要做到安全驾驶,必须养成安全、文明行车意识,自觉遵守道路交通信号,确保身心健康,精神状态良好,遇到险情,反应机敏,第一时间采取正确的应急处置措施。

一、安全行车的意识

危险货物道路运输驾驶人员驾驶机动车的行为不仅仅与自身生命安全息息相关,而且直接关系到其他交通参与者的生命财产安全。因此,危险货物道路运输驾驶人员必须本着"珍爱生命、安全第一"的信念,牢记集中注意力、仔细观察和提前预防这三条"谨慎驾驶"的黄金原则,时刻保持安全意识,自觉遵守道路交通安全法律法规和各项安全规章制度,有效提高事故预防水平,使安全隐患排查治理的各项措施落到实处,确保行车安全,顺利完成运输任务。

二、文明行车的意识

危险货物道路运输驾驶人员要树立文明行车的意识,养成自觉遵守交通安全法律法规、文明出行的良好习惯,做到自我教育、自我管理、自我约束、自我激励。

(1) 不乱停、乱靠车辆。乱停、乱靠的车辆严重影响其他车辆通行,造成安全隐患。

(2) 不随意变道,不争道抢行。

(3) 不乱鸣喇叭。

(4) 不占用非机动车道及应急车道行驶。

(5) 不滥用远光灯。

(6) 不向车外吐痰、抛弃废物。

(7) 不挤靠行人,不溅污行人衣物。

(8) 发生或遇到交通事故,主动保护现场,抢救伤者,及时报告。

(9) 在没有交通信号的路口遇到交通拥堵时,两边车道上的车辆应自觉交替通行。

(10) 礼让行车。车辆让行人,转弯让直行,右转让左转。在狭窄的路段会车时,要做到先慢、先让、先停。遇路口交通情况复杂时,要做到宁停三分,不抢一秒。

三、遵守交通信号的意识

交通信号包括交通信号灯、交通标志、交通标线和交通警察的指挥。设置交通信号是为了科学地分配道路上通行的车辆、行人的通行权,以保证道路交通的安全、有序,交通信号是道路交通规则的重要载体。

驾驶人员违反交通信号的原因,一是侥幸心理,对自己的驾驶技术及应急处置能力过分自信,认为即便前方有危险自己也能从容应对,或者认为偶尔一次违反交通信号,不会被发现。二是开车注意力不集中,没有注意到交通信号,尤其是路侧的交通标志、标线更易被忽略。

为了保证自身及其他交通参与者的生命财产安全,危险货物道路运输驾驶人员要养成遵守交通信号的良好行车习惯,掌握各种交通信号的含义与优先级关系,在行车过程中密切观察交通信号和交通动态,克服侥幸心理,礼让行车。

第二节 危险货物道路运输危险源辨识与防御性驾驶

危险货物道路运输过程中时时刻刻潜藏着各种危险,如果驾驶人员掌握危险源辨识的知识,仔细观察交通动态,提前判断存在的各种危险源,进而采取正确的防御性驾驶措施,就能最大限度地避免道路交通事故的发生。

一、危险源与危险源辨识

危险源是可能导致死亡、伤害、职业病、财产损失、工作环境破坏或这些情况组合的根源或状态。危险源辨识就是识别危险源并确定其特性的过程。危险源辨识不但包括对危险源的识别,而且必须对其性质加以判断。

二、危险源的分类

危险源可分为根源危险源和状态危险源。根源危险源是客观存在的,在行车过程中主要是要控制状态危险源。

三、防御性驾驶

防御性驾驶是预测危险、避免事故的驾驶方法。掌握防御性驾驶方法,集中注意力,密切观察交通动态,准确地识别、预测由其他交通参与者、不良气候或路况引发的危险,及时采取合理、有效的应急措施,防止意外事故的发生,远离危险。

四、危险源识别与防御性驾驶方法

(一)各种行驶状态的危险源识别与防御性驾驶方法

1. 跟车危险源辨识与防御性驾驶

跟车危险源辨识及防御性驾驶对策见表2-5-1。

跟车危险源辨识及防御性驾驶对策　　　　　表 2-5-1

危 险 源	防御性驾驶对策
跟车距离近	保持较大的安全跟车距离,速度越快,跟车距离应越大。跟车距离约等于行车车速的公里数,如车速是 100km/h,跟车距离约为 100m
前车较大,视线受阻	当前车为大型客货车时,会遮挡驾驶人员的视线,不知道前方道路及交通信号情况,必须保持较大的跟车距离,特别是在通过路口时,不要贸然紧跟前车通过,以免误闯红灯,发生危险
前车为公交车或出租汽车	公交车临近车站时,会靠边停车;出租汽车招手即停。跟随公交车或出租汽车行驶时,也要加大跟车距离,密切注意前车动态,以防前车突然紧急制动或突然变道
前车为低速车	当前车为拖拉机、三轮车、载重货车等行驶速度较低、加速性能比较差的车时,应保持较大的间距,在确保安全的情况下,伺机超越
夜间跟车	夜间跟车要开近光灯,不能开远光灯,跟车距离比白天要加大一些
坡道跟车	跟车上坡时,加大跟车距离,以防前车突然熄火后溜车;跟车下坡时要控制车速,随着车速的增加,跟车距离也要随之加大
弯道跟车	前车转弯时会遮挡驾驶人员的视线,形成视线盲区,因此要加大跟车距离,待前车通过弯道后再转弯
险要路段跟车	跟车通过简易桥梁、傍山险路等险要地段时,应减速或停车,待前车安全通过后再通过
泥泞路段、冰雪路段跟车	道路湿滑,容易发生侧滑,跟车行驶要沿前车车辙前进,并加大跟车距离
雾天跟车	由于雾天视线不清,因此要密切注意前车喇叭、示廓灯、制动灯等声音和灯光信号,保持合理的跟车间距,既不能太近,也不能太远,太近容易追尾,太远容易失去行驶参照目标
跟车行驶时,后车示意超越	若条件允许,靠右让行、让速让道;若条件不允许,不要轻易让道

2. 会车危险源辨识与防御性驾驶

会车危险源辨识及防御性驾驶对策见表 2-5-2。

会车危险源辨识及防御性驾驶对策　　　　　表 2-5-2

危 险 源	防御性驾驶对策
窄路会车	低速谨慎会车,必要时停车让行
窄桥会车	正确估计双方距离桥的远近和车速,不能盲目抢行。距桥近、速度快的车辆先通过,距桥远、速度慢的车辆要减速先避让
施工路段会车	道路施工路段车道变窄,要根据对面来车的车速、道路情况等预判是加速通过施工路段还是减速让行,要避免在施工路段会车
坡道会车	在狭窄的坡道会车,上坡车让下坡车先行
道路有障碍物会车	如果遇到有障碍物,与障碍物距离较近、车速较快的车辆先行

第五章 危险货物道路运输安全意识及安全行车

续上表

危险源	防御性驾驶对策
弯道会车	弯道处会车，驾驶人员视线受阻，要严格遵守靠右通行原则，保持一定的横向间距，不能侵占对向车道行驶
夜间会车	夜间会车时，在照明良好的道路上行驶，不能使用远光灯；在没有路灯或虽有路灯但照明不好的道路上，可以使用远光灯，但如果对面有车驶来，须在150m时互相关闭远光灯，改用近光灯，注意路况，低速会车，必要时可停车避让
泥泞路段、冰雪路段会车	道路湿滑，切忌紧急制动或急转转向盘，应握紧转向盘，保持两车足够的横向间距，低速会车，必要时停车交会。靠边让路时不要压路基，土质路基松软，容易塌陷造成翻车
雾天会车	两车交会时应按喇叭提醒对面车辆注意，如果对方车速较快，应主动减速让行

3. 超车危险源辨识与防御性驾驶

超车危险源辨识及防御性驾驶对策见表2-5-3。

超车危险源辨识及防御性驾驶对策 表2-5-3

危险源	防御性驾驶对策
对向有来车	在双向两车道道路行驶，与对向来车有会车可能时不能超车
前车示意左转弯、掉头或正在超车	不能超车，待前车完成左转弯、掉头或超车后，再伺机超车
后方有跟车	观察后方来车有无超车意向，如后方车辆示意超车，则暂时不要超车
拥堵路段超车	在拥堵路段最好不要超车
坡道超车	在上坡接近坡顶的时候，由于看不清前方路面状况，不能贸然超车
弯道超车	在弯道处行车，由于驾驶人员视线受阻，超车容易侵占对向车道引发危险，一般在弯道处不能超车
隧道超车	通过隧道时，由于光线较暗，车道较窄，不能超车
泥泞路段、冰雪路段	在恶劣天气情况下，或通过泥泞、冰雪等复杂路段时，很容易发生侧滑等危险，不能超车
超越停在路边的车辆	鸣喇叭，加大与车辆的横向间距，细致观察所停车辆动态，防止有人突然开车门或车辆突然起步
超越停在路边的公交车	减速、鸣喇叭，预防行人从公交车前方突然蹿出
夜间超车	连续变换远近光灯示意前车，必要时鸣喇叭，确认前车减速让路后再超车

4. 变更车道危险源辨识与防御性驾驶

变更车道危险源辨识及防御性驾驶对策见表2-5-4。

变更车道危险源辨识及防御性驾驶对策　　　　　　　表2-5-4

危险源	防御性驾驶对策
快车道变更到慢车道	先开启右转向灯,并通过内外后视镜和眼睛直接观察,确认右后方有无车辆,注意车辆后视镜有盲区,变道时先轻微转动转向盘,确认安全后再变道
慢车道变更到快车道	先开启左转向灯,注意左后方车辆的速度和距离,确认安全后变道
变更车道驶入岔路口	提前驶入慢车道,再驶入岔道口,在车流量大、车速较快的全封闭路段,突然变道可能会引发多车连环相撞的恶性事故
左右两侧的车辆向同一车道变更	左侧的车辆让右侧的车辆先行
变更两条以上车道	不能一次连续变更两条以上车道,而要先变到一条车道,行驶一段距离后再变更到另一条车道

5. 转弯危险源辨识与防御性驾驶

转弯危险源辨识及防御性驾驶对策见表2-5-5。

转弯危险源辨识及防御性驾驶对策　　　　　　　表2-5-5

危险源	防御性驾驶对策
内轮差	车辆转弯时,前内轮转弯半径与后内轮转弯半径之差就叫内轮差。车身越长,转弯半径越大,形成的内轮差就会越大。转弯的车辆既要防止内后轮掉入沟中或碰及障碍物,又要防止外前轮越出路外或碰及障碍物
转弯车速高	在进入弯道前降低车速,避免在转弯的同时紧急制动。转弯车速过高,轮胎与地面的摩擦力减弱,离心力增大,车辆会发生侧滑,驶离路面,重心高的车辆还容易翻车
路旁车辆、行人或其他障碍物	大型车辆转弯时,要合理规划转弯路线,防止剐蹭路旁的车辆、行人或其他障碍物
急转弯路段	急转弯路段行车时,一般不要猛踩或者快松加速踏板,更不能紧急制动和急转转向盘。需降低车速时,先缓缓放松加速踏板,然后连续几次轻踩制动踏板,达到控制车速的目的
右转弯时后方车辆	右转弯时,防止后方跟行车辆从右侧突然超越

6. 倒车危险源辨识与防御性驾驶

倒车危险源辨识及防御性驾驶对策见表2-5-6。

倒车危险源辨识及防御性驾驶对策　　　　　　　表2-5-6

危险源	防御性驾驶对策
车后有儿童、小动物或其他障碍物	倒车前绕车一周,认真观察车辆周围环境,确认车后无儿童、小动物或其他障碍物后再倒车

第五章 危险货物道路运输安全意识及安全行车

续上表

危险源	防御性驾驶对策
左右两侧障碍物	倒车过程中不要一直看着车后,在确认车后安全的前提下,要不时地观察左右倒车镜,留心障碍物与车身之间的距离,并随时转动转向盘修正车身后退时的位置
车头碰到障碍物	倒车过程中,如果转向盘转向角度大,前轮的转弯半径大于后轮的转弯半径,车头很容易撞到障碍物,因此要格外注意
高速公路倒车	在高速公路上错过出口时,禁止倒车,要继续向前行驶,到下一出口就近驶出

7. 掉头危险源辨识与防御性驾驶

掉头危险源辨识及防御性驾驶对策见表2-5-7。

掉头危险源辨识及防御性驾驶对策 表2-5-7

危险源	防御性驾驶对策
在有禁止掉头、禁止左转弯标志标线的地方	不能掉头
铁路道口、人行横道、桥梁、急弯、陡坡、隧道	在铁路道口、人行横道、桥梁、急弯、陡坡、隧道等容易发生危险的路段不能掉头
个别道路上标画有黄色虚实线	双黄线中的一根为实线,另一根为虚线,实线一侧禁止超车、掉头,而虚线一侧允许超车、掉头
左侧障碍物	如左侧有障碍物,掉头时要注意防止剐蹭
狭窄路段掉头	如道路狭窄不能一次顺车掉头,可运用前进或后退相结合,多次调整的方法掉头
危险路段掉头	车尾朝安全一侧,车头朝危险一侧,前后都要留足安全余地,宁可多进退调整几次,不可着急

(二)典型道路环境的危险源识别与防御性驾驶方法

1. 山区道路危险源辨识与防御性驾驶

山区道路危险源辨识及防御性驾驶对策见表2-5-8。

山区道路危险源辨识及防御性驾驶对策 表2-5-8

危险源	防御性驾驶对策
弯多、弯急	不要超载,降低车速,缓慢转弯,避免侵占对向车道。进入弯道时,车辆靠弯道外侧行驶,到弯道中段时靠弯道内侧行驶,出弯道时车辆又靠弯道外侧行驶,使车辆驶过的轨迹比弯道平缓,以便减小离心力,防止侧翻事故
路面狭窄	严格控制车速,集中注意力,避让对向车辆,谨慎驾驶

续上表

危 险 源	防御性驾驶对策
上下陡坡或长坡	上坡时换低挡,增强爬坡性能。上陡坡时,在路况许可条件下,提高车速冲坡。当感觉动力减弱时要及时减挡,不要拖挡强行。 下坡时应减挡,利用发动机牵阻制动和行车制动器联合制动,随时控制车速,严禁空挡滑行,不要持续踩踏制动踏板,以免长时间使用制动器导致其过热而失灵
路面状况差	结合车辆情况选择合适的车速谨慎驾驶,切忌硬冲硬闯,遇雨雪天气道路情况变差确实需要通行时,采取支垫的方法改善局部路面,改善通行条件后再通行
视线受阻	低速行驶,进入弯道前的路段,提前观察远处路段的弯道情况及对面来车,提前做好会车准备,同时还应提前鸣喇叭提示其他车辆
肩挑扁担的行人	与肩挑扁担的行人保持足够大的横向安全间距
牲畜横穿道路	提高注意力,减速行驶,及时制动

2. 桥梁危险源辨识与防御性驾驶

桥梁危险源辨识及防御性驾驶对策见表2-5-9。

桥梁危险源辨识及防御性驾驶对策　　　　　　　　表2-5-9

危 险 源	防御性驾驶对策
路幅较窄,车辆易驶出桥面坠入河中	装载货物不要超限,仔细观察桥头附近的交通标志,遵守限速、限载等有关规定,保持安全车速行驶,不要超车;如桥面狭窄,先看清前方是否有来车,若桥面会车有困难,不要冒险会车,要在桥头宽阔地段停车等候,不要抢行
超重易使桥面垮塌	严格按车辆核定载质量装载货物,不要超载,严格按桥梁限载通行
横风	跨海大桥易受强烈横风的影响,行经跨海大桥时要控制车速,握紧转向盘,与同向车辆保持较大的横向间距
立交桥迷路	上立交桥之前提前观察指路标志的路线和方向,不要专注找路而忽视周围的车辆
拱桥影响视线	过拱形桥时,往往无法看清对方来车和行驶路线,因而车辆应多鸣喇叭,靠右减速行驶,并随时注意对方来车和行人情况。车行至桥顶,要放松加速踏板,减速下行,同时注意观察桥下情况,随时做好制动准备

3. 隧道危险源辨识与防御性驾驶

隧道危险源辨识及防御性驾驶对策见表2-5-10。

第五章 危险货物道路运输安全意识及安全行车

隧道危险源辨识及防御性驾驶对策　　表 2-5-10

危 险 源	防御性驾驶对策
限宽	谨慎驾驶,装载货物不要超宽,不要超车
限高	注意限高标志,装载货物不要超高
限速	严格遵守限速规定,保持安全速度行驶
能见度低	提高警惕,谨慎驾驶
入口光线由明变暗	提前开启前照灯,减速,待眼睛适应光线剧烈变化后再以正常速度行驶。如前车未开启前照灯,则应加大跟车间距
出口光线由暗变明	关闭前照灯,减速,待眼睛适应光线剧烈变化后再以正常速度行驶
隧道内结冰	低速行驶,不要急踩制动踏板,以免发生侧滑
出口横风	缓踩制动踏板,低速行驶,握紧转向盘,稍微向逆风方向修正

4. 交叉路口危险源辨识与防御性驾驶

交叉路口危险源辨识及防御性驾驶对策见表 2-5-11。

交叉路口危险源辨识及防御性驾驶对策　　表 2-5-11

危 险 源	防御性驾驶对策
环形路口内正在行驶的车辆	应让已在环形路口内的车辆先行,不能强行加塞
黄灯亮时抢行的车辆和行人	不要抢黄灯驶入交叉路口,避免与其他急着通过交叉路口的车辆碰撞
视线盲区	在交叉路口,大型货车和客车由于车辆本身结构的原因,在一定的空间范围内形成了驾驶人员的视线"盲区"。大型车辆驾驶人员很难看到其他正在转弯或直行的车辆,或者因为车速、角度估计错误,有可能发生剐蹭,因此应尽可能与前车或者障碍物保持足够的距离,并注意控制车速,时刻保持高度警惕
紧跟前车追尾	有些驾驶人员在接近交叉路口时看见是绿灯,就想一下加速通过,或看见绿灯闪烁就突然紧急停车,这时容易发生追尾事故,应与前车保持足够的安全间距,以免追尾
交叉路口左转	靠路口中心点左侧转弯,开启转向灯,夜间应使用近光灯
拥堵交叉路口	如遇交叉路口拥堵,即使绿灯亮也不能通行,而应依次在路口外停车等候,否则整个路口将完全堵塞,难以疏导
在没有红绿灯路口的其他车辆和行人	转弯车辆让直行的车辆、行人先行,相对方向行驶的右转弯车辆让左转弯车辆先行

5. 城乡接合部危险源辨识与防御性驾驶

城乡接合部危险源辨识及防御性驾驶对策见表 2-5-12。

城乡接合部危险源辨识及防御性驾驶对策 表2-5-12

危 险 源	防御性驾驶对策
人车混杂	行人、农用三轮车、拖拉机、人力车、畜力车混行,因此要保持高度警惕,密切观察、低速行驶,避让其他交通参与者
交通标志标线及交通信号灯等安全设施不完善	因为设施不完善,通行无秩序,因此通过城乡接合部时,要低速谨慎慢行,不要盲目抢行
农民占道晒粮、流动摊贩占道经营	道路变窄,路况复杂,特别是车轮如果碾压到占道的粮食容易侧滑。因此要低速通过,避免碾压占道的粮食和剐蹭路边摊位
道路交通参与者安全意识薄弱	严格按道路通行规则通行,减速礼让,遇行人或非机动车突然横穿道路,要及时减速或停车避让

6. 施工路段危险源辨识与防御性驾驶

施工路段危险源辨识及防御性驾驶对策见表2-5-13。

施工路段危险源辨识及防御性驾驶对策 表2-5-13

危 险 源	防御性驾驶对策
道路变窄	按交通标志及时变更车道,按限速标志降低车速,保持安全速度行驶
道路中断	根据提示信息提前规划好行驶路线
路面有沙石	路面摩擦系数降低,要保持低速行驶,提前采取制动措施,避免侧滑
施工标志不全或设置不明显	注意观察,提高警惕,谨慎驾驶

(三)恶劣天气条件下的危险源识别与防御性驾驶方法

1. 雨天危险源辨识与防御性驾驶

雨天危险源辨识及防御性驾驶对策见表2-5-14。

雨天危险源辨识及防御性驾驶对策 表2-5-14

危 险 源	防御性驾驶对策
光线暗,能见度低	低速谨慎驾驶,多鸣喇叭,打开刮水器,必要时打开雾灯;雨下得过大,刮水器无法刮净雨水,视线极为模糊时,打开危险报警闪光灯靠边停车等待
雷电	关闭车载电子设备,不要打电话;关闭所有车窗;在车内避雨,不要下车走动;不要在空旷地带高大的树下停车,将车停在地势较低的位置,但要确保该地段不易积水
大风	握紧转向盘,防止行驶方向偏离
路面湿滑、泥泞	缓踩制动踏板,勿紧急制动和急转弯,以免侧滑。轮胎与地面附着力降低,制动距离增大,因此跟车距离应为干燥路面的1.5倍

第五章 危险货物道路运输安全意识及安全行车

续上表

危险源	防御性驾驶对策
积水	先判断积水深度,如积水较浅,则低速通过,防止积水溅起的水花覆盖前风窗玻璃,避免水花溅到行人身上;如积水较深,把车停到安全地方,不要强行通过。涉水行驶过程中,保持车辆不熄火,防止进气口进水。如在水中熄火,不要试图起动车辆,否则容易损毁发动机
车窗起雾	打开车内除霜装置,清除雾气
车外骑车人	遇雨天,骑车人一般会穿戴雨衣或一手打雨伞一手骑车,不易听到喇叭声,容易摔倒或突然猛拐,因此要与骑车人保持较大的横向间距,谨慎行驶

2. 雪天(冰雪路面)危险源辨识与防御性驾驶

雪天(冰雪路面)危险源辨识及防御性驾驶对策见表2-5-15。

雪天(冰雪路面)危险源辨识及防御性驾驶对策　　　　　表2-5-15

危险源	防御性驾驶对策
气温低,起动困难	做好冬季维护,确保蓄电池电力充足,更换适合冬季使用的润滑油,定期清洗节气门,车辆起动后怠速运转几分钟后再上路
路上有积雪,附着系数低,制动距离延长,易侧滑	合理使用挡位,慢抬离合器踏板,轻踩加速踏板,平稳起步,低速行驶,前后左右都要留有安全车距,不要紧急制动和急转向,以免车轮侧滑。需要转弯时,先减速再转向,适当加大转弯半径,缓转转向盘。如发生侧滑,在向侧滑一方转转向盘进行修正。必要时可为轮胎加装防滑链
积雪覆盖路面,看不清标志及道路边界	根据路边建筑物和树木等参照物判断道路边界,沿前车车辙谨慎行驶
山区冰雪道路	前车正在爬坡时,要停车等待,待前车顺利通过后再爬坡,转弯前降低车速,避免转弯的同时制动,防止车辆侧滑坠崖
自行车和行人易摔倒	遇自行车或行人应减速慢行,与自行车和行人保持足够距离
雪后阳光炫目	戴上防护镜

3. 雾天危险源辨识与防御性驾驶

雾天危险源辨识及防御性驾驶对策见表2-5-16。

雾天危险源辨识及防御性驾驶对策　　　　　表2-5-16

危险源	防御性驾驶对策
能见度低,视线不良	白天开启雾灯和示廓灯,夜间开启雾灯和近光灯,切记不得开远光灯,低速谨慎行驶,勤按喇叭,提醒车辆和行人。能见度小于5m时,把车开到路边安全地带或停车场,待雾散去或能见度提高时再继续前行

续上表

危 险 源	防御性驾驶对策
路面湿滑,摩擦系数低	严格控制车速,密切注意前车状态,适当加大与前车的纵向安全距离,跟车行驶,不要超车
风窗玻璃有水雾	开启刮水器和车内风窗玻璃除霜装置,尽快去除水雾
行经靠近湖泊的路段	在昼夜温差较大、无风的早晨或靠近湖泊的路段,最易出现团雾,如发现团雾,不可就地停车,避免发生追尾事故,应立即采取减速措施,并开启近光灯、雾灯、示廓灯、危险报警闪光灯等,就近选择道路出口缓慢驶出或进入附近服务区暂避; 如果不能驶离高速公路,应选择港湾式紧急停车带停车,开启危险报警闪光灯,按规定摆放危险警告标志

4. 风沙天危险源辨识与防御性驾驶

风沙天危险源辨识及防御性驾驶对策见表 2-5-17。

风沙天危险源辨识及防御性驾驶对策   表 2-5-17

危 险 源	防御性驾驶对策
风力较大时,会影响行驶稳定性,减弱喇叭声音	感觉汽车横向偏移时,握紧转向盘,行车要比平常更为谨慎,速度更为缓慢
沙尘暴	尘土飞扬,空气混浊,能见度低,打开车灯,多鸣喇叭
暴风	行车中突遇暴风,应停车躲避,将车辆尽量停在背风处
台风	避免在台风登陆期间出行
车体易被砸	行驶过程中或停车时,不要靠近楼房、满载货物的货车或摇摇欲坠的广告牌等
风沙损坏车体	小心清除隐藏在刮水器橡胶片中的沙粒,再启用刮水器,否则风窗玻璃可能被刮伤

(四)高速公路行驶危险源辨识与防御性驾驶方法

高速公路行驶危险源辨识及防御性驾驶对策见表 2-5-18。

高速公路行驶危险源辨识及防御性驾驶对策   表 2-5-18

危 险 源	防御性驾驶对策
车辆发生故障或遇道路堵塞必须停车	不可紧急制动,更不能在行车道直接停车,应提前减速,看清车前车后的交通情况,打开右转向灯;尽快驶离车道,停在紧急停车带内或右侧路肩上。停车后,必须立即打开危险报警闪光灯,按规定在车后方设置警告标志,若是夜间还需同时打开示宽灯和尾灯;车上人员应迅速转移到右侧路肩以外,必要时打电话报警
故障车辆	尽量将视线放远,如发现故障车辆提前变更车道绕行

续上表

危 险 源	防御性驾驶对策
爆胎	握紧转向盘,用力保持车辆行驶方向,不要紧急制动,不要急转转向盘
事故多发路段	看到"事故多发路段,请谨慎驾驶"类似的警告标志时,一定要有意识地降低车速并保持车距,同时做好应对紧急情况的准备
疲劳驾驶	在高速公路长时间行驶,尤其是车辆很少时,驾驶人员信息刺激量减少会造成其意识下降,产生高速催眠现象,非常危险,驾驶人员缓解疲劳最好的方法就是在服务区休息或驶出高速公路休息
发生轻微财产损失的事故	如果无人员伤亡、双方对成因无异议,且车辆具备移动能力,一定要将车辆移动至紧急停车道内停放
发生大的财产损失事故甚至伤亡事故	在事故现场来车方向150m外设置警告标志,且人员要转移到公路护栏外,并及时报警
从匝道进入行车道	从匝道口进入高速公路后,必须在加速车道上提高车速,尽快将车速提高到60km/h以上,抓住时机安全快速进入行车道,驶入行车道时不能妨碍其他车辆的正常行驶
选择行车道	严格遵守分道行驶、各行其道的原则,根据车速选择适合的行车道,不得随意穿行越线,不准骑轧车道分界线
驶离高速公路	在距目的地出口500m时打开右转向灯,驶入减速车道,在出口前把车速降到40km/h以下进入匝道。由于长时间高速行驶,速度感觉迟钝,容易误判车速,必须通过速度表确认车速。避免在接近路口处才紧急制动和急转方向驶向路口
车距过小	高速公路上的纵向车距(两车间的前后距离)要略大于行驶速度值。高速公路上,专门设有为驾驶人员确认行车间距的行驶路段,在此路段上行驶,可检验与前车的行车间距,驾驶人员可根据需要适时调整车速,即:时速在70km时,行车间距不得少于70m;时速在100km时,行车间距应保持在100m以上;雨雪雾天或夜间行驶时,行车间距应增加1倍以上
走错方向	发现走错方向或驶过出口后,严禁在匝道或行车道上掉头,而应从下一出口驶离,再掉头回到规划路线
通过立交桥	行至高速公路立交桥时,要注意观察指路标志,在临近转弯的立交桥前,要根据指路标志确认出口位置、行驶车道和行驶路线
变更车道	确认与要进入的车道有不影响超车的足够安全车间距。打开转向灯,向左(右)适量转动转向盘,加速驶入需要进入的车道

(五)夜间行驶危险源辨识与防御性驾驶方法

夜间行驶危险源辨识及防御性驾驶对策见表2-5-19。

夜间行驶危险源辨识及防御性驾驶对策　　　　表 2-5-19

危　险　源	防御性驾驶对策
夜间光线差	谨慎驾驶,若路面光线较好,开启近光灯;若光线很暗,开启远光灯,但在两车相距150m时要改为近光灯
路界不清	控制车速,增大跟车距离,以便出现突发情况时能有充足的反应时间
夜间通过险要路段	减速慢行,遇险要路段,应停车查看,确认安全后再行进
夜间通过乡村道路	夜间在乡村道路上通行,应加大行车间距,以免前车扬起的尘土影响灯光照明,遮挡视线
霓虹灯等灯光影响	途经繁华街道时,要注意霓虹灯及各类装饰灯光对视线的影响,降低车速、细心观察、谨慎行驶
行经弯道、坡路、桥梁、窄路和不易看清的地方	降低车速并随时做好制动或停车的准备
车灯光柱变短	遇上弯道或上坡路,注意提前采取措施
车灯光柱变长	下坡路或路上有凹坑,注意减速慢行
疲劳驾驶	夜间行车特别是午夜以后最容易瞌睡,太疲劳时应停车休息,不要强行赶夜路

第六章　危险货物道路运输安全及事故应急处置

第一节　气体道路运输安全及事故应急处置

一、运输安全要求

1. 运输前的准备工作

(1)应根据所装气体的性质穿戴防护用品,必要时需要戴好防毒面具;运输大型气瓶或罐式集装箱,在起重机下操作时必须戴好安全帽。

(2)瓶装气体应尽可能直立运输,直立运输应符合《气瓶直立道路运输技术要求》(GB/T 30685—2014)要求。气瓶采用集束装置、集装篮时可使用厢式货车、栏板货车、平板货车或专用车辆等运输;使用平板货车运输时,应在地板上设置带锁止的固定装置。散装气瓶应使用厢式货车、栏板货车或专用车辆运输。

(3)运输大型气瓶(如液氯、制冷剂等),货车上必须配备防止气瓶滚动的紧固装置,如插桩、垫木、紧绳器等。

(4)运输车辆应具备固定气瓶的相应装置,厢式货车厢体应通风良好,散装直立气瓶高出栏板部分不应大于气瓶高度的1/4。

(5)运输氧气、液氯等氧化性较强的气体,应认真检查货厢是否清洁,必须保证货厢内无油脂及含油脂的残留物,如油棉纱团等。

(6)罐车装卸作业时应按照指定位置停车,熄灭发动机,实施驻车制动。

(7)运输各种易燃气体(如液化石油气等)受压罐车,检查管道接头、仪表、泄压阀等安全装置的情况应良好,并接通导静电装置。

2. 运输气体的安全要求

(1)夏季运输除另有限制运输规定外,当罐内液温达到40℃时,还必须配有罐体遮阳或用冷水喷淋降温等设施,防止罐体暴晒。

(2)运输易燃、易爆气体应远离热源、火源,如锅炉房或明火场所。

(3)运输大型气瓶,行车途中应尽量避免紧急制动,防止气瓶因惯性力作用冲出车厢平台造成事故;车辆转弯前应减速,以防止急转弯或车速过快时所装载的气瓶因离心力作用而被抛出车厢外。

二、事故应急处置

1. 灭火方法

在装卸、运输中遇有火情,应立即报告公安消防部门并组织扑救。同时,应尽可能将未着火的气瓶迅速移至安全处。对已着火的气瓶应使用大量雾状水喷洒在气瓶上,使其降温冷却;火势尚未扩大时,可用二氧化碳、干粉、泡沫等灭火器进行扑救。扑救气体危险货物火灾时,扑救人员应先关闭管道或容器阀门,阻止继续外泄,防止扩大灾情。

2. 洒漏处理

在装卸、运输中发现气瓶漏气时,特别是毒性气体,应立即报告公安、消防部门并组织扑救,迅速将漏气气瓶移至安全场所,并根据气体性质做好相应的人身防护。

扑救者应注意站在上风处向气瓶倾泼冷水,使之温度降低,然后再将阀门旋紧。大部分毒性气体能溶解于水,紧急情况时,可用浸过清水的毛巾捂住口鼻进行操作,若不能控制住事态发展,可将气瓶推入水中,并及时通知相关管理部门处理。

第二节 易燃液体道路运输安全及事故应急处置

一、运输安全要求

1. 运输前的准备工作

(1) 大多数易燃液体的蒸气对人体健康具有危害性,因此在作业前或作业中,应加强集装箱、封闭式车厢的排气通风,以使易燃蒸气能有效地扩散,特别是在夏季,高温诱发空气中有害蒸气浓度加大,更应加强通风。

(2) 易燃液体蒸气与空气能形成爆炸性混合气体,遇明火会发生燃烧爆炸,因此在运输作业现场必须严禁烟火,作业现场应划定警戒区,一般半径 30m 内不得有热源或明火,车辆应停靠稳妥,熄灭发动机,实施驻车制动,接好导除静电装置。

(3) 不得随身携带火种(如火柴、打火机),应穿着不产生静电的工作服和不带铁钉的工作鞋。

(4) 根据所装货物的包装情况(如化学试剂、油漆等小包装物品),备好防散失用具。

2. 运输易燃液体的安全要求

(1) 运输易燃液体,车上人员不准吸烟,车辆不得接近明火及高温场所。装运易燃液体的罐车行驶时,导除静电装置应接地良好。

(2) 装运易燃液体的车辆,严禁搭乘无关人员,途中应经常检查车上货物的装载情况,如捆扎是否松动,包装件有否渗漏。发现异常情况时应及时采取有效措施。

(3) 夏季高温季节,当天气预报气温在 30℃ 以上时,应按照作业地规定的作业时间运输。若必须运输时,车上应有有效的遮阳设施,封闭式货厢应保持车厢通风良好。

(4) 应将车厢后门、侧门锁牢后方可运行车辆,不准敞开车门行驶。严禁超载运输。装有重瓶的车辆在处于停车状态时,应将车厢顶部的天窗全部敞开并锁好窗销,不准将天窗关闭。

(5) 低沸点或易聚合等易燃液体受热后,常会发生容器膨胀或"鼓桶"现象,特别是夏季更应注意。如发现其包装容器内装物膨胀(鼓桶)现象,不得继续运输。

二、事故应急处置

1. 灭火方法

大部分易燃液体的密度小于水,且不溶于水,一旦发生火灾,用水扑救时会因水沉到燃烧着的液体下面,并能形成喷溅、漂流等而扩大火灾;另外,易燃液体燃烧时所产生的热量较大,而其燃点又较低,很难使温度降低到其燃点以下。因此,消灭易燃液体火灾的最有效方法,是采用泡沫、二氧化碳、干粉灭火器等扑救。扑救液体危险货物火灾时,扑救人员应注意先关闭管道或容器阀门,阻止继续外溢,防止扩大灾情。

2. 洒漏处理

易燃液体一旦发生洒漏,应及时以砂土覆盖或用松软材料吸附后,集中至空旷安全处处理,覆盖时特别要注意防止液体流入下水道、河道等地方,以防污染。

在销毁收集物时,应充分注意燃烧时所产生的毒性气体对人的危害,必要时应穿戴好防毒面具。

第三节 易燃固体、易于自燃的物质、遇水放出易燃气体的物质道路运输安全及事故应急处置

一、运输安全要求

1. 运输前的准备工作

(1)运输作业现场要远离明火、高温场所,遇水放出易燃气体的物质车厢必须干燥、无积水。

(2)不得随身携带火种(如火柴、打火机),不得穿着易产生静电的工作服和工作鞋。

(3)对易升华(如精萘、樟脑等)或易挥发出易燃、有害及刺激性气体的货物,作业现场应保持良好通风,防止中毒和燃烧爆炸。

(4)雨雪天运输遇水放出易燃气体的物质时,车辆必须具备有效的防水设备,不具备条件的车辆不得运输。

2. 运输易燃固体、易于自燃的物质、遇水放出易燃气体的物质的安全要求

(1)行车时,要注意防止外来明火飞到货物中,要避开明火、高温场所。

(2)行车中应定时停车检查所装货物的堆码、捆扎和包装情况,防止包装渗漏。

二、事故应急处置

1. 灭火方法

由于本类物品性质各异,因此采取灭火的手段有所区别,分别介绍如下。

1)易燃固体

根据易燃固体的不同性质,可用水、砂土、泡沫、二氧化碳、干粉灭火剂来灭火,但必须注

意以下事项：

(1)遇水反应的易燃固体不得用水扑救，可用干燥的砂土、干粉等灭火剂进行扑救。如闪光粉、铝粉等，不可用水灭火。因为闪光粉是镁粉和氯酸钾混合物，化学性质很活泼，能与水产生剧烈的反应，生成氢气能燃烧，被水冲散到空气中的闪光粉或铝粉末，在遇明火还有爆炸的危险。

(2)有爆炸危险的易燃固体禁用砂土压盖，如具有爆炸危险性的硝基化合物。

(3)遇水或酸产生剧毒气体的易燃固体，严禁用水、硝碱、泡沫灭火剂。如磷的化合物和硝基化合物(包括硝化棉、赛璐珞)、氮化合物、硫黄等，燃烧时产生有毒和刺激性气体，扑救时须注意戴好防毒面具。

(4)火场中抢救出来的赤磷要谨慎处理。因为赤磷在高温下会转化为黄磷，变成易于自燃的物质，同时在扑救中，赤磷被水淋过受潮后，也会缓慢引起自燃。

2)易于自燃的物质

(1)此类物质发生火灾时，一般可用干粉、砂土(干燥时有爆炸危险的易于自燃的物质除外)和二氧化碳等灭火。与水能发生作用的物品严禁用水灭火，如三乙基铝、铝铁熔剂燃烧时温度极高，能使水分解产生氢气，可用砂土、干粉等灭火剂。

(2)对黄磷火灾现场须谨慎处理，黄磷被水扑灭后只是暂时熄灭，残留黄磷待水分蒸发后又会自燃，所以现场应有专人密切观察。同时要注意，黄磷燃烧时会产生五氧化二磷等剧毒气体，扑救时应穿戴防护服和防毒面具。

(3)对不同的危险货物，在作业中应了解其不同的自燃点并注意采取相应的措施。

3)遇水放出易燃气体的物质

本类危险货物发生火灾时，应迅速将邻近未燃物质从火场撤离或与燃烧物进行有效的隔离，不能用水，只能用干砂、干粉扑救。同类物质还有：

(1)活泼金属及其他与水接触放出氢气的物质。

(2)遇水产生碳氢化合物(气体)的物质。

(3)遇水产生过氧化物等易放出助燃气体的物质。

(4)酸类等遇水产生高温的物质。

(5)遇水产生有毒或腐蚀性气体的物质。

(6)密度小于水的物质。

遇水放出易燃或毒性气体的物质，不得使用泡沫灭火剂。如碳化钙(电石)等。

与酸或氧化性物质、氢化物等反应的物质，禁止使用酸碱式泡沫灭火剂。

活泼金属禁用二氧化碳灭火器进行扑救。因为钾、钠等具有极强的还原性，甚至能夺取二氧化碳中的氧，所以，二氧化碳不但起不了灭火作用，反而会助长火势，所以应用苏打、食盐、氮或石墨粉来扑救。锂的火灾不能用食盐和氮扑救，而只能用石墨粉扑救。

碳化物、磷化物遇水反应能产生剧毒、腐蚀性气体，灭火扑救时应穿戴防护用品和隔离式呼吸器。

2. 洒漏处理

在装卸、运输过程中货物有洒漏时,可以收集起来另行包装。收集的残留物不能任意排放、抛弃。对与水反应的洒漏物处理时不能用水,但清扫后的现场可以用大量水冲刷清洗。还应注意,对注有稳定剂的物品,包装残留物时也应注入相应的稳定剂。

第四节 氧化性物质和有机过氧化物道路运输安全及事故应急处置

一、运输安全要求

1. 运输前的准备工作

(1)运输前应认真检查车厢,不得有任何酸类及煤屑、木屑、硫黄、磷等可燃物的残留物,车厢必须干净。

(2)运输需控温的有机过氧化物,应检查车辆控温、制冷系统的运行状态,保持运转正常。

2. 运输氧化性物质和有机过氧化物的安全要求

(1)根据所装货物的特性和道路情况,严格控制车速,防止货物剧烈振动、摩擦。

(2)需控温的有机过氧化物在运输途中,应定时检查制冷设备的运转情况,发现故障应及时排除。

(3)中途停车时,应远离热源和火种场所,临时停靠或途中住宿过夜,车辆应有专人看管。

(4)车辆重载时若发生故障,在维修时应严格控制明火作业,不得离开车辆,要随时注意周围环境是否安全,发现问题应及时采取措施。

二、事故应急处置

1. 灭火方法

(1)一旦发生火灾,对有机过氧化物、金属过氧化物、有机过氧酸及其衍生物不能用水扑救,因为这些氧化性物质和水作用可以生成氧气,能帮助燃烧、扩大火势,只能用砂土、干粉、二氧化碳灭火剂进行灭火。泡沫灭火剂中的药剂是水溶液,故也禁止使用。

(2)其余大部分氧化性物质都可以用水扑救。粉状物品应用雾状水扑救。

(3)在扑救时,要配备适当的防毒面具,以防中毒。在没有防毒面具的情况下,可将一般口罩用5%的小苏打水浸泡后使用,但其有效时间短,必须随时更换。

2. 洒漏处理

(1)在装卸过程中,由于包装不良或操作不当,有部分氧化性物质洒漏,应轻轻扫起,另行包装。这些从地上扫起重新包装的氧化性物质,因接触过空气或混有可燃物等杂质,为防止发生变化,不得同车发运,须留在发货处的适当地方,观察24小时以后,才能重新入库堆存。

(2)对洒漏的少量氧化性物质或残留物应清扫干净,进行深埋处理。

第五节　毒性物质和感染性物质道路运输安全及事故应急处置

一、运输安全要求

1. 运输前的准备工作

(1)根据所装运货物的毒性、状态、包装情况,必须携带劳动防护用品(如工作服、手套、防毒口罩或面具)及防散失、防雨等工属具。

(2)进入作业现场对刚开启的仓库、集装箱、封闭式车厢,要先通风排气,驱除积聚的毒性气体。

(3)在运输作业现场,人尽量站立在上风处,不能在低洼处久留,不能在货物上坐卧、休息,作业过程中不能进食、吸烟、饮水。工作前、工作后严禁饮酒。

2. 运输毒性物质和感染性物质的安全要求

(1)要平稳驾车,勤加瞭望,定时停车检查包装件的捆扎情况,谨防捆扎松动和货物丢失,装运有机毒性物质,行车中应避开高温、明火场所。

(2)防止毒性物质丢失是行车中要注意的最重要的事项。如果丢失不能找回,落到不了解其性能的群众手里,或被犯罪分子利用,就可能酿成重大事故。因此,发生丢失而又无法找回时,必须立即向货物丢失的当地公安部门报案。

(3)装运过毒性物质的车辆未清洗、消毒前,严禁装运食品或鲜活动物。

(4)感染性物质运输后,车辆应到指定的地点集中清洗消毒。

二、事故应急处置

1. 灭火方法

毒性物质因其品类繁多、性质各异,一旦发生火灾,其灭火方法必须注意以下几点:

(1)无机毒性物质中的硒化合物、磷化锌、磷化铝、氟化氢钠、氯化硫、二氯化硫等,因为其氟、氯、硫、硒、磷等都是性质活泼的非金属,遇水后能和水中的氢生成有毒或有腐蚀性的气体。因此,这类物品起火后,不能用水扑救,而要用砂土或二氧化碳灭火剂扑救。

(2)毒性物质中的氰化物遇酸性物质能生成剧毒气体氢化氰。这类物品发生火灾时,不得用酸碱灭火剂扑救,可用水及砂土扑救。

(3)大部分毒性物质在着火、受热或与水、酸接触时,能产生有毒和刺激性气体及烟雾,灭火人员必须根据毒性物质的性质采取不同的消防方法,在扑救火灾时,尽可能站在上风方向,并戴好防毒面具等。

2. 洒漏处理

对毒性物质的洒漏物应视其具体情进行处理:如为固体货物,通常扫集后可装入其他容器中交货主单位处理;如为液体货物,应以砂土、锯末等松软物浸润,吸附后扫集,盛入容器中交付货主单位处理;对毒性物质的洒漏物不能任意乱丢或排放,以免扩大污染甚至造成不可估量的危害。

被毒性物质污染过的场地、车辆或防护用品,其洗刷消毒基本方法如下:

(1)氰化物污染物。对于氰化物,如氰化钠、氰化钾污染,可将硫酸钠水溶液撒在污染处,因硫酸钠与氰化物可以生成低毒的硫氰酸盐,从而消除氰化物的毒性,然后用热水冲洗,最后用冷水冲洗。也可用硫酸亚铁、高锰酸钾或次氯酸钠等来处理。

(2)有机磷农药污染物。有机磷农药如苯硫磷、敌死通等洒漏时,首先用生石灰将洒漏物吸干,然后用碱水浸湿污染处,再用热水洗刷,最后用冷水冲洗即可。但是,应注意敌百虫也是有机磷农药,不可用碱水洗刷。因为敌百虫在碱性溶液中分解很快,大部分变成毒性比它大数倍,且易挥发的敌敌畏,所以敌百虫洒漏后,只能用大量水洗刷。

(3)硫酸二甲酯污染物。硫酸二甲酯为酸性毒品,在冷水中缓慢分解,分解速度随温度上升而加快,洒漏后先将氨水洒在污染处起中和作用,也可用漂白粉加上5倍的水浸湿污染处;再用碱水浸湿;最后用热水和冷水各冲洗一次。

(4)芳香族氨基或硝基化合物污染物。对芳香族氨基或硝基化合物如苯胺、硝基苯等,可将稀盐酸溶液浸湿污染处,再用水冲洗。

(5)砷化物污染物。砷化物如砷、三氧化二砷等,因砷在空气中其表面很快被氧化成三氧化二砷而微溶于水,生成砷酸、亚砷酸。亚砷酸能溶于碱,生成亚砷酸盐,而亚砷酸盐溶于水,可用氢氧化铁解毒,最后用水冲洗。

(6)有机氯粉剂或乳剂农药污染物。有机氯农药在一般情况下不溶于水,而在碱溶液中极易分解放出氯化氢,生成三氧化苯。所以洒漏后,先将洒漏物收集起来,再用清水冲洗,最后用热水冲洗,无热水时可以撒上碱后用水冲洗。

第六节　腐蚀性物质道路运输安全及事故应急处置

一、运输安全要求

1. 运输前的准备工作

(1)运输前应认真检查货物包装和容器封口情况,严禁运输无外包装的任何易碎品容器。

(2)作业时应站立在上风处,防止有毒烟雾、气体对人身的伤害;罐装后,应将进料口紧密封严，防止行车中车辆晃动，造成腐蚀性物质从盖口溅出，伤及周围人员和车辆。

2. 运输腐蚀性物质的安全要求

（1）装载有易碎容器包装的腐蚀性物质时，要平稳驾驶，密切注意路面情况，上下桥隧、过铁路道口等，对路面条件差、颠簸振动大而不能确保易碎容器完好时，应缓慢通行。

（2）运输途中应每隔一定时间停车检查车上货物情况，发现包装破漏要及时处理，防止漏出物损坏其他包装，酿成重大事故。

二、事故应急处置

1. 灭火方法

腐蚀性物质的灭火方法可概括为大量用水和谨慎用水。

无机腐蚀性物质发生着火或有机腐蚀性物质直接燃烧时，除具有与水反应特性的物品外，一般可用大量的水扑救。即使有些腐蚀性物质会与水反应，但这些物品量较少，大量的水足以抑制热反应，故也可用大量的水扑救。但用水时应谨慎，宜用雾状水，不能用高压水柱直接喷射物品，尤其是酸液，以免飞溅的水珠带上腐蚀性物质灼伤灭火人员；同时，要控制水的流向，以免带腐蚀性的水流破坏环境。

不少腐蚀性物质燃烧时，会产生毒性气体和烟雾，用水扑救时，产生的蒸气也可能有毒性和腐蚀性。因此，扑救时应穿防护服，戴防毒面具，且人应站在上风处。

与水会发生剧烈反应的大量腐蚀性物质发生着火时，用大量的水若不能抑制，液体腐蚀性物质应用干砂或者干土覆盖或用干粉灭火机扑救。

2. 洒漏处理

（1）腐蚀性物质洒漏时，液体腐蚀性物质应用干砂、干土覆盖吸收，扫除干净后，再用水洗刷。腐蚀性物质大量溢出，或用干砂、干土不足以吸收时，可视货物的酸碱性质，分别用稀碱或稀酸中和。中和时，要防止发生剧烈反应。用水洗刷洒漏现场时，不能用水直接喷射，只能缓慢的浇洗或用雾状水喷淋，以防水珠飞溅伤人。

（2）溴污染。溴为棕红色发烟液体，沸点为55.8℃，遇水极易挥发，蒸气有毒。污染时，污染处撒上硫代硫酸钠溶液，使溴生成溴化钠，最后可用大量水冲洗。在污染处理作业时，要注意防火，因溴与有机物混合，可能引起燃烧。

第七节 杂项危险物质和物品道路运输安全及事故应急处置

本类货物系指在运输过程中呈现的危险性质不包括在其他八类危险货物中的物品。其运输前的准备工作、运输的安全要求、灭火方法和洒漏处理等要求，应按照《化学品安全标签》和《安全技术说明书》的要求进行。

第二篇

爆炸品和剧毒化学品篇

根据培训和考核大纲要求,爆炸品和剧毒化学品道路运输从业人员应掌握爆炸品和剧毒化学品道路运输的有关要求。

本篇是专门针对从事爆炸品和剧毒化学品道路运输从业人员的从业培训内容,包括爆炸品和剧毒化学品的定义和特性、从业人员基本要求、运输安全及事故应急处置等知识。

第一章　爆炸品道路运输

第一节　爆炸品的定义、特性和分类

一、爆炸品的定义

在《道路运输爆炸品和剧毒化学品车辆安全技术条件》(GB 20300—2018)中,爆炸品被定义为:在外界作用下(如受热、撞击等),能发生剧烈的化学反应,瞬时产生大量的气体和热量,使周围压力急剧上升,发生爆炸,对周围环境造成破坏的物品。该定义表述简单,在实际工作中常用这个定义。

在《危险货物分类和品名编号》(GB 6944)中,进一步介绍了爆炸品。首先将"爆炸性物质"定义为:固体或液体物质(或物质混合物),自身能够通过化学反应产生气体,其温度、压力和速度高到能对周围造成破坏。烟火物质即使不放出气体,也包括在内。又将"爆炸性物品"定义为:含有一种或几种爆炸性物质的物品。即爆炸品就是各种爆炸性物质、爆炸性物品和为产生爆炸或烟火实际效果而制造的爆炸性物质和爆炸性物品中未提及的物质或物品的总称。该定义表明:一是爆炸品是一个总称,涵盖较大范畴;二是爆炸品的爆炸现象属于化学爆炸,即指物质因得到起爆的能量而迅速分解,释放出大量的气体和热量的过程。

以上定性地介绍了爆炸品的概念和特性。在具体运输中,爆炸品以列入《危险货物品名表》(GB 12268)中的第1类爆炸品为准。

二、爆炸品的主要特性

爆炸品的特性主要体现在感度、威力和猛度、安定性三个方面。同时,三个特性也决定了爆炸品爆炸性能的强弱。

1. 感度(亦称敏感度)

感度是指爆炸品在外界作用下发生爆炸反应的难易程度。爆炸品需要外界提供一定的能量才能触发爆炸反应,否则爆炸反应就不能进行。感度高低通常以引起爆炸所需要的最小外界能量来表示。显然,引起某爆炸品爆炸所需的起爆能量越小,则其感度越高,危险性也越大。

不同爆炸品所需起爆能量的大小是不同的,其敏感度也不同。如 TNT 对火焰的敏感度较小,但如用雷管引爆则立即爆炸。即使同一种爆炸品,所需起爆能量大小也不是固定不变的。如同样是TNT,在缓慢加压的情况下,它可经受几万牛顿压力也不爆炸,但在瞬间撞击情况下,即使冲击力很小,也会引起爆炸。

起爆能有多种形式,如机械能(冲击、摩擦、针刺)、热能(高温、明火、火花、火焰)、电能(电热、电火花)、光能(激光及其他光线)、爆炸能(雷管、起爆药)等。在运输装卸过程中,温度变化及机械作用的影响是不可避免的,所以在各种形式的感度中,主要是确定爆炸品的热感度和撞击感度。

1) 热感度

热感度是指爆炸品在外界热能作用下发生爆炸变化的难易程度。一般用"爆发点"来表示。爆发点是指物质在一定延滞期内发生爆炸的最低温度。延滞期则指从开始对炸药加热到其发生爆炸所需要的时间。表 3-1-1 给出了在不同延滞期下 TNT 的爆发点。可见,同一爆炸品,延滞期越短,爆发点越高;延滞期越长,爆发点越低。虽未受高热,但受低热时间足够长的话,也会诱发爆炸。因此,在运输中一定要使爆炸品远离热源或采取严格隔离措施。

TNT 炸药在不同延滞期下的爆发点　　　　　　　　　表 3-1-1

延滞期	5s	1min	5min	10min
爆发点(℃)	475	320	285	270

2) 撞击感度

撞击感度是指爆炸品在机械冲击的外力作用下,对冲击能量的敏感程度,用发生爆炸次数的百分比表示。撞击感度高(百分比的数值大),说明其对外界冲击能量的敏感度高,易于引起爆炸。反之,撞击感度低,说明其对冲击能量的感度低,不易引起爆炸。如装卸时炸药不慎由高空落下,车辆在行驶中发生剧烈的冲击、振动等均属这一类。几种常用炸药的撞击感度见表 3-1-2。

几种常用炸药的撞击感度　　　　　　　　　表 3-1-2

(锤重 10kg,落高 25cm,试样量 0.05g,标准装置)

炸药品名	爆炸百分数(%)	炸药品名	爆炸百分数(%)
TNT UN 0388、CN 11040	4~8	黑索金 UN 0391、CN 11044	70~80
苦味酸铵,干的,或湿的,铵,重量含水低于10% UN 0004、CN 11059	24~32	季戊四醇四硝酸酯(季戊炸药),按重量含蜡不低于7%(泰安、太安) UN 0411、CN 11049	100
三硝基苯基甲硝胺 UN 0208、CN 11037	50~60	无烟火药 UN 0160、CN 11099	70~80

值得注意的是,炸药的纯净度对其撞击感度有很大的影响。当炸药内混入坚硬物质如玻璃、铁屑、砂石等时,则其撞击感度增加,危险性增大。当炸药中混入惰性物质如石蜡、硬

脂酸、机油等时,则其撞击感度降低。

因此,在运输装卸过程中,严禁混入坚硬杂物,车厢货舱应保持干净,炸药撒漏物绝不能再装入原包装内。有些较敏感的炸药(如黑索金、太安等),在运输过程中为确保安全,可加入适量石蜡(这些附加物称为钝感剂)使其钝化,以增加安全系数。

2. 威力和猛度

威力是指炸药爆炸时的做功能力,即炸药爆炸时对周围介质的破坏能力。威力的大小主要取决于爆热的大小、爆炸后气体生成量的多少以及爆温的高低。猛度,又称猛性作用,是指炸药爆炸后爆轰产物对周围物体(如弹壳、混凝土、建筑物或矿石层等)破坏的猛烈程度。其大小可用爆轰压和爆速来衡量。

爆炸品的威力和猛度越大则炸药的破坏作用越强。衡量威力和猛度的参数很多,运输中采用爆速,即爆炸品本身在进行爆炸反应时的传播速度(m/s),它是决定爆炸威力的重要因素。当炸药量相当时,爆速的大小能在一定程度上反映出炸药的爆炸功率及破坏能力。不同爆炸品具有不同的爆速。爆速越大,单位时间内进行爆炸反应的爆炸品越多,其爆炸威力也越大。通常将爆速是否大于3000m/s作为衡量爆炸品威力强弱的一个参考指标。

3. 安定性(稳定性)

爆炸品的安定性是指爆炸品在一定的储存期间内,不改变自身的物理性质和化学性质的能力。爆炸品本身不稳定,即使在正常的保管条件下,也会产生某种程度的物理或化学变化,所以,长期储存不安定的爆炸品或在一定外界条件(如环境温湿度等)影响下,不仅会改变爆炸品的爆炸性能,影响正常使用,而且还可能发生燃烧和爆炸事故。

根据我国汽车运输的特点,以保持在环境温度不超过45℃(可允许短期略超过45℃)的条件下,运输期间货物不发生分解,不改变其使用效能,即可认为该货物安定性符合安全运输要求。同时,为增加运输过程中的化学安定性,对某些炸药,在运输途中必须加入一定量的水、酒精,或其他钝感剂(如萘、二苯胺、柴油等)。

综上所述,感度和安定性是用来衡量货物起爆的难易程度,而威力和猛度则关系到一旦发生爆炸所产生的破坏效果。一般来讲,可选用爆发点低于350℃、爆速大于3000m/s、撞击感度在2%以上为爆炸性的3个主要参考数据。三者居其一,即可认为该物质或物品具有爆炸性。

三、爆炸品的分类

1. 按爆炸品危险特性分类

根据各种爆炸物品特性,《危险货物分类和品名编号》(GB 6944)将第1类爆炸品划分为6项。

(1)爆炸品1.1项:有整体爆炸危险的物质和物品。所谓整体爆炸是指瞬间能影响到几乎全部载荷的爆炸。例如表3-1-3所列举的爆炸品。

爆炸品1.1项示例 表3-1-3

联合国编号	名称和说明	类别或项别
0004	苦味酸铵,干的,或湿的,按质量含水低于10%	1.1D
0005	武器弹药筒,带有爆炸装药	1.1F
0006	武器弹药筒,带有爆炸装药	1.1E
0027	黑火药(火药),颗粒状或粉状	1.1D
0028	压缩黑火药(火药)或丸状黑火药(火药)	1.1D
0029	非电引爆雷管,爆破用	1.1B

(2)爆炸品1.2项:有迸射危险,但无整体爆炸危险的物质和物品。例如表3-1-4所列举的爆炸品。

爆炸品1.2项示例 表3-1-4

联合国编号	名称和说明	类别或项别
0007	武器弹药筒,带有爆炸装药	1.2F
0009	燃烧弹药,带有或不带起爆装置、发射剂或推进剂	1.2G
0015	发烟弹药,带有或不带起爆装置、发射剂或推进剂	1.2G
0018	催泪弹药,带有或不带起爆装置、发射剂或推进剂	1.2G
0035	炸弹,带有爆炸装药	1.2D
0039	摄影闪光弹	1.2G

(3)爆炸品1.3项:有燃烧危险并有局部爆炸危险或局部迸射危险或这两种危险都有,但无整体爆炸危险的物质和物品。1.3项包括满足下列条件之一的物质和物品:①可产生大量辐射热的物质和物品;②相继燃烧产生局部爆炸或迸射效应或两种效应兼而有之的物质和物品。例如表3-1-5所列举的爆炸品。

爆炸品1.3项示例 表3-1-5

联合国编号	名称和说明	类别或项别
0010	燃烧弹药,带有或不带起爆装置、发射剂或推进剂	1.3G
0016	发烟弹药,带有或不带起爆装置、发射剂或推进剂	1.3G
0019	催泪弹药,带有或不带起爆装置、发射剂或推进剂	1.3G
0050	闪光弹药筒	1.3G
0054	信号弹药筒	1.3G
0077	二硝基苯酚的碱金属盐,干的,或湿的,按质量含水低于15%	1.3C

爆炸品1.1项、1.2项、1.3项运输车辆的标志牌图形如图3-1-1所示。

(4)爆炸品1.4项:不呈现重大危险的物质和物品。本项包括运输中万一点燃或引发时仅出现较小危险的物质和物品;其影响主要限于包件本身,并预计射出的碎片不大、射程也不远,外部火烧不会引起包件内全部内装物的瞬间爆炸。例如表 3-1-6 所列举的爆炸品。

爆炸品 1.4 项运输车辆的标志牌图形如图 3-1-2 所示。

(底色:橙红色,图案:黑色)　　　　　　　(底色:橙红色,图案:黑色)

图 3-1-1　爆炸品 1.1 项、1.2 项、1.3 项　　图 3-1-2　爆炸品 1.4 项运输车辆的
　　　　　运输车辆的标志牌图形　　　　　　　　　　　标志牌图形

爆炸品 1.4 项示例　　　　　　　表 3-1-6

联合国编号	名称和说明	类别或项别
0044	帽型起爆器	1.4S
0055	空弹药筒壳,带有起爆器	1.4S
0066	点燃导火索	1.4G
0131	引信点火器	1.4S
0197	发烟信号器	1.4G
0312	信号弹药筒	1.4G

(5)爆炸品 1.5 项:有整体爆炸危险的非常不敏感物质。本项包括有整体爆炸危险性、但非常不敏感以致在正常运输条件下引发或由燃烧转为爆炸的可能性很小的物质。

爆炸品 1.5 项运输车辆的标志牌图形如图 3-1-3 所示。

(6)爆炸品 1.6 项:无整体爆炸危险的极端不敏感物品。本项包括仅含有极端不敏感起爆物质、并且其意外引发爆炸或传播的概率可忽略不计的物品。同时本项物品的危险仅限于单个物品的爆炸。例如,UN 0486 极端不敏感爆炸性物品(1.6N)。

爆炸品 1.6 项运输车辆的标志牌图形如图 3-1-4 所示。

在《危险货物品名表》(GB 12268)中,1.5 项仅有 UN 0482、1.6 项仅有 UN 0486,由此可知第 1 类爆炸品中 1.5 项、1.6 项所占的比例很小。

（底色：橙红色，图案：黑色）　　　　　　　（底色：橙红色，图案：黑色）

图 3-1-3　爆炸品 1.5 项运输车辆的标志牌图形　　图 3-1-4　爆炸品 1.6 项运输车辆的标志牌图形

2. 按爆炸性物质用途分类

爆炸品中涵盖的"爆炸性物质"按用途的不同，可分为起爆药、猛炸药、火药和烟火剂四大类。

（1）起爆药。

起爆药又称为初级炸药，它是四类爆炸性物质中最敏感的一种，受外界较小能量作用就能发生爆炸变化，而且在很短的时间内其变化速度可增至最大，但是它的威力较小，在许多情况下不能单独使用，只能用来作为火帽、雷管装药的一个组分，以引燃火药或引爆猛炸药。

起爆药受较小的激发冲能，如火焰、针刺、撞击、电能等激发就能引爆，而且只需少量药量就可以达到稳定的爆轰❶。它主要用于火工品，用以起爆猛炸药。常用的起爆药有雷汞（UN 0135、CN 11025）、叠氮化铅（UN 0129、CN 11019）等。

（2）猛炸药。

猛炸药又称为次级炸药，习惯上称为炸药。它需要较大的外界能量作用才能激起爆炸变化，一般用起爆药来起爆。猛炸药典型的爆炸变化形式是爆轰，常用作各种弹药的主装药和火工品中的装药。常用的猛炸药有，梯恩梯（UN 0388、CN 11040）、特屈儿（UN 0208、CN 11037）、太安（UN 0411、CN 11049）、黑索金（UN 0391、CN 11044）等。

（3）火药。

火药典型的爆炸变化形式是燃烧，常用作枪炮弹的发射药与火箭推进剂，也广泛应用于火工品中。常用的火药有黑火药（UN 0027、CN 11096）、无烟火药（UN 0161、CN 13017）、单基药（硝化棉为主体的火药）、双基药（以硝化甘油和硝化棉为主体的火药）、推进火药（以高氯酸盐及氧化铅等为主要药剂）。

（4）烟火剂。

烟火剂是一类以氧化剂和可燃物为主体的混合物。其典型爆炸变化形式也是燃烧，是利用其燃烧反应所产生的特定烟火效应，起照明、信号、光、烟幕及燃烧等作用。烟花爆竹就

---

❶爆轰又称爆震。它是一个伴有大量能量释放的化学反应传输过程，反应区前沿以超声速运动的激波，称为爆轰波。爆轰波扫过后，介质成为高温高压的爆轰产物。

是民用烟火剂。

由于雷管对明火、电火花、振动、撞击、摩擦敏感,故炸药不得与雷管同时装载、运输。

四、爆炸品配装组划分

一般情况下,爆炸品不得与其他类危险货物一起混装运输,但为了提高运输效率,调度人员时常要考虑危险货物之间的混装问题。爆炸品如与其他危险货物混装,应符合爆炸品配装组要求,属于同一配装组的爆炸品可以放在一起运输,不同配装组的爆炸品不可放在一起运输。

1. 爆炸品的配装组划分

《危险货物分类和品名编号》(GB 6944)中将配装组定义为"在爆炸品中,如果两种或两种以上物质或物品在一起能够安全积载或运输,而不会明显增加事故概率或在一定数量情况下不会明显提高事故危害程度的,可将其归为同一配装组"。据此爆炸品可被分成若干配装组。

具体地,按爆炸品的物理性质、爆炸性能、内外包装方式、特殊危险性等不同特点,爆炸品可划分为 A、B、C、D、E、F、G、H、J、K、L、N、S 共 13 个配装组,即在《危险货物品名表》(GB 12268)中属同一配装组的爆炸品可以配装。如闪光弹药筒(UN 0049)1.1G、摄影闪光弹(UN 0039)1.2G、燃烧弹药(UN 0009)1.3G、点燃导火索(UN 0066)1.4G 等爆炸品可以配装。

2. 爆炸品的项别与配装组代号

爆炸品的项别与配装组代码由表示类、项的两个阿拉伯数字(中间加一圆点)和一个表示配装组的字母组成。如项别为 1.1,配装组为 A 的爆炸品,其分项与配装组代号为1.1A。《危险货物品名表》(GB 12268)中爆炸品的"类别或项别"包括两个含义,一是表明爆炸品的项别,二是表明爆炸品的配装组的划分,如黑火药(UN 0027),配装组代号为:1.1D,即黑火药为爆炸品的1.1项,配装组划分为D。

第 1 类危险货物爆炸品根据其危险特性分为 6 项,其中 1 项和 13 个配装组中的 1 个若被认为可以相容则可列为一个配装组。综上所述,爆炸品要重点关注以下内容:

(1)爆炸品分为6项(1.1项,1.2项,1.3项,1.4项,1.5项,1.6项)。

(2)爆炸品根据其性质,划分为13个配装组。同一配装组的,可以配装。

(3)爆炸品不同的项与13个配装组中的一个,在一定条件下可以组合。有关内容参《危险货物分类和品名编号》(GB 6944)4.2.3 爆炸品配装划分和组合。

第二节　爆炸品道路运输车辆要求

车辆是道路运输危险货物的载体,也是交通事故的直接"参与者"与"肇事者",其本身性能及安全性与运输事故的发生有着密切的联系。爆炸品的危险性较大,其运输车辆的技术要求比其他危险货物运输车辆的要求更为严格。爆炸品道路运输车辆应符合《道路运输爆炸品和剧毒化学品车辆安全技术条件》(GB 20300—2018)的相关规定。

一、车辆基本要求

1. 发动机

总质量大于 2000kg 的爆炸品运输车辆的发动机应为压燃式。

2. 排气系统

车辆发动机排气管应置于货厢/罐体前端面之前,排气管的布置应能避免加热和点燃货物,距油箱、油管净距离应不小于 200mm,与裸露的电气开关的距离应不小于 100mm;当受车辆结构限制,发动机排气管设置在货厢底板下面时,应在排气管与货厢底板之间加装隔热板。

排气管均应安装机动车排气火花熄灭器(图 3-1-5),其性能应符合《机动车排气火花熄灭器》(GB 13365)的规定。

a)　　　　　　　　　　　b)

图 3-1-5　排气火花熄灭器

3. 车辆轮胎

车辆应装用子午线轮胎,不得使用翻新轮胎。

4. 限速器

汽车应具有限速功能,否则应配备限速装置。限速功能或限速装置应符合《车辆车速限制系统技术要求及试验方法》(GB 24545)的要求,且限速功能或限速装置调定的最大车速不得大于 80km/h。

5. 电器装置

驾驶室内应设置用于电源总开关(图 3-1-6)开、闭操作的控制装置,开关盒应符合《外壳防护等级(IP 代码)》(GB/T 4208)规定的 IP65 防护等级的要求,开关上的线束接头应符合《外壳防护等级(IP 代码)》(GB/T 4208)规定的 IP54 防护等级的要求。

图 3-1-6　驾驶室内的电源总开关

蓄电池接线端子应采取可靠的绝缘保护措施或用绝缘的蓄电池箱盖住。

6. 车辆结构及厢体基本要求

车辆应为罐式车辆或货厢为整体封闭结构的箱式车辆(图3-1-7)。封闭式货厢具有一定的强度和刚度,且具有防火、防雨、防盗功能。货厢内蒙皮应采用有色金属或不易发火的非金属材料。

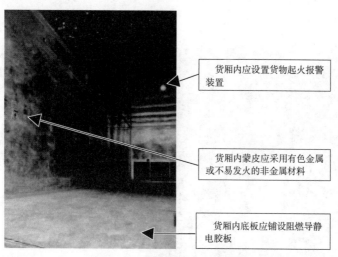

图3-1-7　爆炸品道路运输车辆的车厢

货厢面板内外蒙皮之间采用助燃隔热材料填充。货厢侧壁或前后板应根据需要设置具有防雨功能的通风窗。货厢门应安装密封条。密封条应固定可靠,防雨防尘密封良好。货厢门铰链应固定可靠,旋转自如。锁止结构安全可靠(图3-1-8)。货厢内不得装设照明灯光,不得敷设电气线路。

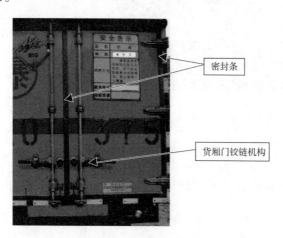

图3-1-8　爆炸品道路运输车辆的货厢门铰链机构

货厢内应设置货物起火燃烧报警装置;货厢门上应设置防盗报警装置;总质量大于或等于9000kg的车辆驾驶室内应装监视器,其摄像头应设在货箱后部上端,并应有良好的观察效果。

7. 防静电措施

货厢内底板应铺设阻燃导静电胶板,厚度不小于5mm,导静电胶板任意一点与拖地带之间电阻值为 $10^4\Omega \sim 10^8\Omega$。车辆必须装设接地线,接地线应柔软,展开、收回灵活。末端应装设弹性"鳄鱼夹",接地线与车架之间的电阻值应不大于5Ω(针对罐车而言),如图3-1-9所示。车辆底部必须设置导静电橡胶拖地带,其性能应符合《汽车导静电橡胶拖地带》(JT/T 230)的规定。

图3-1-9 "鳄鱼夹"的图示

8. 灭火器

驾驶室内应配备一个干粉灭火器。在车辆两边应配备与所装载介质性能相适应的灭火器各一个,灭火器应固定牢靠、取用方便。

二、行驶记录仪与监控车载终端

1. 行驶记录仪

(1)车辆安装行驶记录仪应符合《机动车运行安全技术条件》(GB 7258)的相关规定。

(2)行驶记录仪应安装在驾驶室内部并便于使用者查看及提取数据的位置。

(3)驶记录仪的主电源应为车辆电源。对所有导线均应有适当保护,以保证这些导线不会接触到可能会引起导线绝缘损伤的部件。应布置整齐,并固定可靠。

2. 监控车载终端

(1)车辆应安装符合 JT/T 794 规定的卫星定位系统车载终端。

(2)卫星定位系统车载终端应安装在驾驶室内或根据需要安置在挂车适当位置。

(3)卫星定位系统车载终端的主电源应为车辆电源。在无法获得车辆电源时可由车载终端的备用电池组供电,备用电池组可支持正常工作时间不小于 8 小时。电源导线应用不同颜色或标号(等距离间隔出)明确标示。接线应布置整齐,并固定可靠。天线应远离其他敏感的电子设备。车载终端的地线应连接到车辆底盘上。

三、车辆标志要求

(1)车辆应安装符合《道路运输危险货物车辆标志》(GB 13392)要求的标志牌和标志灯。

(2)车辆后部应安装安全标示牌(图 3-1-10)。安全标示牌上应标明运输介质的名称、种类、罐体有效容积、最大核载质量、施救方法、企业联系电话。安全标示牌为白底黑字、字迹要求清晰完整,安装在车辆后部。安全标示牌为矩形,尺寸为 350mm × 175mm。

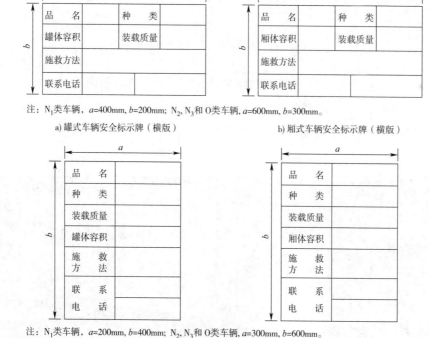

图 3-1-10　爆炸品运输车辆标示牌

(3)在车辆的后部和两侧应粘贴橙色反光带以标示车辆的轮廓(图 3-1-11),橙色反光带的宽度为 150mm ± 20mm。橙色反光材料的亮度因数应符合《视觉信号表面色》

（GB/T 8416—2003）中表5的规定，橙色反光材料的色品坐标应符合其中表6的规定，其逆反射性能应符合《道路交通反光膜》（GB/T 18833—2012）中表3规定的一级红色反光膜。

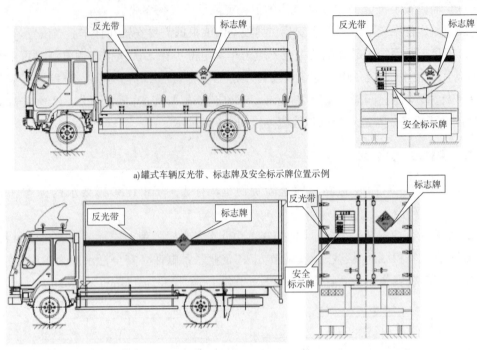

图3-1-11　爆炸品车辆反光带、标志牌及安全标示牌位置示例

（4）厢式车辆的货厢外部颜色应为浅色。

在用车辆悬挂标志的情况如图3-1-12所示。

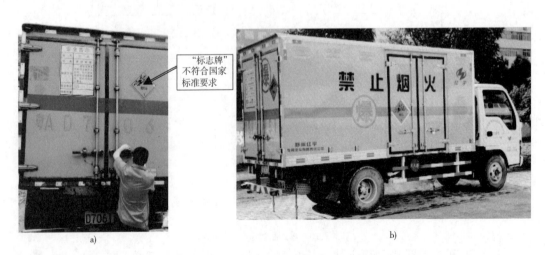

图3-1-12　在用车辆悬挂标志的情况

四、随车文件

车辆应配备使用说明书。使用说明书的编写应包括以下内容:
(1)产品名称与型号;
(2)生产企业名称、详细地址;
(3)技术特点及参数;
(4)装运的危险货物品名和应急措施;
(5)行驶速度要求;
(6)停车熄火要求;
(7)车辆维修规定。

同时,在国家标准中还要求,驾驶室内部应有放置应急设施的空间和放置应急设施的装置。爆炸品道路运输车辆实物如图3-1-13所示。

图 3-1-13　爆炸品道路运输车辆实物

第三节　爆炸品道路运输安全及应急处置

一、爆炸品道路运输驾驶人员安全要求

1. 基本要求

1)文化程度

由于爆炸品道路运输的特殊性,如在运输、装卸作业中操作不当,极易发生爆炸、燃烧、中毒等严重事故,造成大量人员伤亡、财产损失、环境破坏,因此,要求从事爆炸品道路运输的驾驶人员,不仅要掌握车辆驾驶技能,还应该具备一定的文化程度,以便能更全面和深入地了解所装运爆炸品的基本概念、特性、包装物或者容器使用的基本要求和发生意外事故时的处置措施。

2)身体条件

由于爆炸品的危害性大,要求从事爆炸品道路运输的驾驶人员身体健康,无妨碍驾驶的疾病,如心血管系统疾病、神经系统疾病、精神障碍、生理缺陷等。

3)资格要求

为保证爆炸品道路运输安全、减少事故,要求从事爆炸品道路运输的驾驶人员,需参加爆炸品道路运输考试,取得注明为"爆炸品运输"的驾驶人员从业资格证。

4)专业技能

除了具备较好的驾驶技能外,从事爆炸品道路运输的驾驶人员必须接受其所属企业或单位安排的有关安全生产法规、安全知识、专业技术、职业卫生防护和应急救援知识等方面的培训,并通过考核;了解所运爆炸品物理化性质、危害特征、包装容器的使用特性和发生意外事件或运输事故时的应急措施。

在运输过程中,驾驶人员应当随车携带《危险货物道路运输安全卡》,了解所运爆炸品的性质、危害特性、包装物或者容器使用的基本要求,以及发生突发事件时的处置措施,不得违章作业。

2. 岗位职责

(1)严格遵守《道路危险货物运输管理规定》等有关危险货物道路运输、特别是涉及爆炸品道路运输的法律、法规和规章,严格执行《道路运输危险货物车辆标志》(GB 13392)、《危险货物道路运输规则》(JT/T 617)等国家、行业标准中关于危险货物道路运输的规定。

(2)观察交通状况,严格遵守道路交通安全法律法规安全驾驶;按照安全运输规定、行车路线、行车时间行车和停车,确保行车和运输安全,防止发生交通事故;除押运人员外,车辆不得搭载无关人员和其他物品。

(3)执行公司安全运输的各项规章制度和操作规程。

(4)车辆(罐体)日常维护与清理、清洗。

(5)出车前、行车中、回场后车辆(罐体)检查。

(6)检查随车携带相关证件、运输文件是否齐全有效,如《危险货物道路运输安全卡》等。

(7)车辆安全防护设施、设备及消防、劳动防护、捆扎等器材是否齐全、有效,及时发现、排除车辆安全隐患,保持车辆技术状况良好。

(8)参加安全教育与培训活动,学习安全技术知识与技能,掌握危险货物道路运输以及爆炸品道路运输安全知识、技能与应急处理办法,了解所运输爆炸品的物理、化学特性。

(9)妥善保管并能正确使用各种劳动保护、防护用品和消防器材。

(10)发生运输事故时,及时报警、报告本单位,实施应急处置,维护好现场。

3. 工作要求

1)出车前

(1)运输爆炸品的专用车辆应选用符合《道路运输爆炸品和剧毒化学品车辆安全技术条件》(GB 20300)的罐式专用车辆或者货厢为整体封闭结构的厢式货车。罐式专用车辆的罐体容积不得超过20m^3,但符合国家有关标准的罐式集装箱除外;厢式车辆的核定载质量不得超过10t,但符合国家有关标准的集装箱运输专用车辆除外。

(2)装车前应检查运输爆炸品车辆的车厢或集装箱底板,确保平坦完好,铺设阻燃导静电胶板。将货厢或集装箱清扫干净,罐体清洗干净,排除异物,车厢、集装箱或罐体内不得有酸、碱、氧化剂、盐类等与所装爆炸品性质相抵触的残留物,或其他残留货物。确保车辆结构耐用,内部底面和壁面没有凸出物。

(3)检查车辆配备的消防器材,发现问题应立即更换或修理。

(4)根据所装货物及包装情况,备好防散失用具等应急处置器材。

(5)检查随车携带相关证件、运输文件是否齐全有效,特别是查验"爆炸物品准运证"是否携带及有效性。

(6)应根据所装爆炸品的性质,配备防护用品(如工作服、手套、防毒口罩、护目镜或者轻型防护服、防毒面具等)。

(7)进入装卸作业区,应禁止随身携带火种、关闭随身携带的手机等通信工具和电子设备(一般情况下,要提前交到门卫保管)、严禁吸烟,穿着不产生静电的工作服和不带铁钉的工作鞋。

(8)在装卸作业时应按照指定位置停车,熄灭发动机,实施驻车制动,装设好导静电橡胶拖地带。

(9)爆炸品运输一般不配装。若需与其他货物混装,应符合有关规定。

2)运输过程中

为了保证爆炸品道路运输安全,在运输过程中应按以下要求进行:

(1)按规定装载,装载量不得超过额定负荷。密封式车厢装货总高度不得超过1.5m;没有外包装的金属桶(一般装的是硝化棉或发射药)只能单层摆放,以免压力过大或撞击摩擦引起爆炸;在任何情况下雷管和爆炸药都不得同车装运或两车同时在同一场地进行装卸。

(2)应将车厢门锁牢后方可运行车辆,不准敞开车门行驶。

(3)爆炸品道路运输时,要按照公安机关指定的时间、路线、速度行驶,不得擅自改变行驶路线。车上无押运人员不得单独行驶,车上严禁搭乘无关人员和危及安全的其他物资。

(4)行车中必须集中精力,严格遵守交通法规和操作规程,同时注意观察,保持行车平稳。多部车辆列队运输行驶时,跟车距离至少保持50m,一般情况下不得超车和强行会车。

(5)行车途中应严控车速,尽量避免紧急制动,车辆转弯前应减速,保持车辆平稳运行,以防止因紧急制动、急转弯等造成装载货物摩擦、振动、坍塌、坠落、撞击、摩擦引发爆炸事故。

(6)运输途中不得随意停车,更不得在人口聚集地、交叉路口、火源附近停车。运输过程中需要停车住宿或遇有无法正常运输的情况时,应向当地公安部门报告,将车辆停放在有利于安全防护的地方,停车时要始终有人看守。

(7)夏季高温季节,应按照作业地规定的作业时间运输,做好车内货物温度监控;当车内货物温度非正常升高时,应停车检查,采取必要的降温措施。

(8)中途停车时,停车点应远离热源、火种场所和人口密集区;临时停靠或途中住宿过夜,车辆应有专人看管;途中住宿过夜,应向当地公安部门报告。

(9)运输途中应每隔一定时间停车检查车上货物情况,发现包装破漏要及时处理,防止漏出物损坏其他包装,酿成重大事故。

(10)车辆重载若发生故障,在维修时应严格控制明火作业,不得离开车辆,要随时注意周围环境是否安全,发现问题应及时采取措施。

(11)运输途中发生燃烧、爆炸、污染、中毒或者被盗、丢失、流散、泄漏等事故,应会同押运人员立即向事故发生地公安部门、交通运输主管部门和本运输企业或者单位报告,并根据应急预案和《危险货物道路运输安全卡》的要求采取应急处置措施。

(12)对于不具备有效的避雷电、防湿潮条件时,雷雨天气应停止对爆炸品的运输作业。

二、爆炸品道路运输押运人员安全要求

爆炸品道路运输押运人员是爆炸品道路运输安全的重要保障者,明确自身的责任有利于履行自身的职责。由于爆炸品极易受到外界影响发生事故,所以押运人员必须熟练掌握爆炸品道路运输相关知识,准确掌握当次所运爆炸品危险性、储运要求、泄漏处理、急救和防护措施,才能确保爆炸品在装卸和运输过程中做好本职安全防护工作。

1. 基本要求

1)文化程度

由于爆炸品凡受到高热、摩擦、撞击或受一定物质激发,就能发生剧烈的化学反应,产生大量的气体和热量,同时气体体积急剧膨胀而引起爆炸的特殊性,若在运输、装卸作业中操作不当,就极易发生燃烧及爆炸等严重事故,造成大量人员伤亡、环境破坏、财产损失。因此,要求从事爆炸品道路运输的押运人员应具备初中以上的文化程度,以便能更全面和深入地了解所装运爆炸品的理化性质、危害特性、包装物或者容器的使用要求和发生意外事故时的处置措施。

2)身体条件

由于爆炸品的危害性大,要求从事爆炸品道路运输的押运人员身体健康,无妨碍押运工作的疾病,如心血管系统疾病、神经系统疾病、精神障碍等。同时,要有较好的综合心理素质以及处理突发事故的体能。

3)资格要求

从事爆炸品道路运输的押运人员,需通过爆炸品运输考试,取得注明为"爆炸品运输"的押运人员从业资格证。建议企业聘用经所在辖区公安机关出具无违法犯罪记录的证明,心理健康的押运人员。

4)专业技能

从事爆炸品道路运输的押运人员必须接受其所属企业或单位安排的有关安全生产法规、安全知识、作业规程、职业卫生防护和应急救援知识等方面的培训,了解所运爆炸品的理化性质、包装容器的使用特性、岗位危害因素和发生意外事件或运输事故时的应急措施。

5) 遵章守法

严格遵守《道路危险货物运输管理规定》等有关危险货物道路运输法规,特别是爆炸品品道路运输的法律、法规和规章,严格执行《道路运输危险货物车辆标志》(GB 13392)、《危险货物道路运输规则》(JT/T 617)等国家和行业标准关于危险货物道路运输的规定;并严格执行本公司安全运输的各项规章制度和安全生产作业规程。

2. 工作要求

1) 出车前

(1) 接受任务后,应立即到调度室办理相关手续。同时要会同驾驶人员领取并掌握当班作业单据,验证准运手续、出入库单据等;核实公安部门爆炸品运输许可手续载明的收货单位、销售企业、承运人;熟悉运输有效期限、起始地点、运输路线、经停地点以及爆炸品的品种、数量;了解包装材料和包装方式,运输爆炸品的特性、出现险情的应急处置方法等相关注意事项。

(2) 协助驾驶人员做好车辆例行检查。检查车辆是否与所运载的爆炸品相适应,技术状况是否符合《道路运输爆炸品和剧毒化学品车辆安全技术条件》(GB 20300)等标准的规定,若不符合安全要求,应及时与驾驶人员沟通及报修。

(3) 根据所运爆炸品特性,领取安全防护用品,随车携带捆扎、防潮、降温、防火、防毒等工属具和应急处理设备、劳动防护用品,检查随车必备的消防用具是否齐全有效。

(4) 检查车辆标志的安装悬挂是否符合《道路运输危险货物车辆标志》(GB 13392)的规定。

(5) 检查运输车辆的有关证件、标志是否齐全有效。

(6) 办完手续后,接受安全教育,并听取管理人员的安全告知。

(7) 接受完安全教育后,应到运输公司办理相关手续,并整理好个人物质准备出车。

(8) 对于运输具有特殊性质的爆炸品任务,应按照具体要求严格执行。

2) 装载过程中

(1) 运输车辆到爆炸品库房装货,应先到门卫室登记并与库管员进行沟通,落实装载库区及车辆停靠点。

(2) 装载时,核对客户名称,清点所押运物品的品名、数量、规格以及包装标志、化学品安全技术说明书和安全标签,核查包装,确保货物与运输证(运单)要求一致。

(3) 检查车厢、栏板的固定、链接、锁扣装置是否安全完好。

(4) 检查装载爆炸品的包装是否符合道路运输的要求,内、外包装是否完好无损,包装标志是否齐全、清晰,不符合包装要求的拒绝装载。

(5) 检查装载堆码是否符合要求,捆扎、固定是否牢靠。在装完货物出库前,检查车辆配备器材完好,并签字确认。

(6) 装车完毕,对爆炸品的装载安全措施及影响车辆启动的不安全因素进行检查,确认无不安全因素后,方允许车辆起步。

(7)监督所装载民用爆炸品质量必须在车辆核定载质量范围内,严禁超限超载。

(8)做好货物的点收点交及单据交接工作。

3)运输过程中

(1)在押运过程中要积极保持与单位的信息联系,落实好行车过程车门锁等防盗装置完好情况,货物堆码及安全情况的检查,原则上每隔2小时要进行一次停车安全检查,途中如发生突发事件必须立即报告。

(2)爆炸品运往矿区、山区工地等道路崎岖或复杂路段,应提醒驾驶人员保持高度警觉,严格控制速度,确保安全行车。

(3)中途如有卸货,在卸货以后,要重新对所剩产品堆码情况进行必要的调整,认真清数和捆扎,确定可靠无误后方能继续行驶。

(4)货箱内如安装了监视器,要负责时时监控。

4)到达卸货时

(1)货物运达卸货地点后,联系客户,核对客户单位、品种、数量是否与运输证相符。与收货人核对,确认到货时间、货物品名、数量、规格等信息,办理交接手续。因故不能及时卸货,应当按照操作规程要求将车辆停放在安全位置,在待卸期间,应会同驾驶人员看管货物,并积极联系接货人或接货单位。

交货前,应对车辆装载情况进行一次检查,确认无异常后,方能卸车交货。卸货时,应督促装卸人员按照操作规程安全有序地卸载危险货物。进出货物装卸场所时,应自觉遵守各项安全管理制度,不准携带火种、关掉手机,不准穿戴钉鞋和易产成静电的工作服。

(2)检查卸载爆炸品的包装是否完好无损,堆垛码放是否符合要求。

(3)交货时做好爆炸品的点交、点收及单据交接工作。到达目的地后确认产品安全并顺利交接;卸完货物后检查车厢内是否有爆炸品残留,做好车辆清洁工作。

(4)办完各种手续后及时联系单位,告知本企业货物安全到达。

5)任务完成回场后

(1)回场后,协助驾驶人员做好车辆维护。检查车辆标志、标识、消防器具、导静电橡胶拖地带,以及车厢、栏板的固定、链接、锁口装置等,确保安全完好状态,若有不符合安全要求的状况及时与驾驶人员沟通、报修。

(2)会同驾驶人员交清当班作业单据。

(3)归还装卸工具及安全防护用品。

三、爆炸品道路运输装卸管理人员安全要求

爆炸品在装卸时,如发生爆炸事故危害极大。同时,由于爆炸品装载不符合有关要求,在运输过程中也易发生事故,因此,爆炸品装卸工作需要特别注意。爆炸品道路运输的装卸管理人员,需经所在地设区的市级人民政府交通运输主管部门考试合格,取得注明为"爆炸品运输"的装卸管理人员从业资格证,方可上岗从业。

第一章 爆炸品道路运输

1. 装卸作业前

(1)检查车辆应使用厢型货车、罐式专用车辆或集装箱运输车辆。车辆必须符合《道路运输爆炸品和剧毒化学品车辆安全技术条件》(GB 20300)的相关要求;车辆应配置符合《道路运输危险货物车辆标志》(GB 13392)要求的车辆标志;运输车辆的车厢内不得有酸、碱、氧化剂等残留物,且随车携带的防潮、防火、防爆等工属具应齐全有效。对于爆炸品装卸工具,必须事先检查各种机件是否完好,如有故障,不得使用。

(2)爆炸品道路运输罐式专用车辆的罐体容积不得超过 $20m^3$,但符合国家有关标准的罐式集装箱除外;厢式车辆的核定载质量不得超过 10t,但符合国家有关标准的集装箱运输专用车辆除外。

(3)不具备有效的避雷电、防湿潮条件时,雷雨天气应停止对爆炸品的装卸作业。

(4)装卸作业前,车辆发动机应熄火,并切断总电源。不应将车辆停放在纵坡大于5%的路段,否则,应采取防止车辆溜坡的有效措施。

(5)装卸作业前应对照出库单,核对爆炸品名称、规格、数量,并认真检查货物包装。爆炸品的安全标签、标识、标志等与运单不符或包装破损、包装不符合有关规定的,应拒绝装车。

2. 装卸作业中

(1)装卸现场严禁高温和接触明火;装卸搬运时,不准穿铁钉鞋,使用铁轮、铁铲头推车和叉车,应有防火花措施;严禁使用易产生火花机具设备。装卸人员作业时不得携带烟火和通信工具。

(2)装卸过程中,应要求驾驶人员和押运人员不得远离车辆,押运人员负责监装、监卸,办理货物交接签证手续时要点收、点交。无关人员严禁进入装卸作业区。

(3)车辆进入爆炸品装卸作业区,车辆排气管应安装排气火花熄灭器,按有关安全作业规定驶入装卸作业区,并将车辆停放在容易驶离作业现场的位置。装卸过程中需要移动车辆时,应有人监护,在保证安全的前提下才能移动车辆。起步要慢,停车要稳。

(4)装卸管理人员必须遵守保密规定,不得向无关人员泄漏有关爆炸品储运情况。同时,必须遵守有关场、库的规章制度。

(5)装卸作业时,必须轻拿、轻放,稳妥作业,严防跌落、摔碰;禁止撞击、拖拉、翻滚、投掷、倒置。

(6)禁止将爆炸品与氧化剂、酸、碱、盐类物品以及易燃物质、金属粉末同车配装。起爆药与炸药严禁在同一装卸点装卸,严禁混装在同车车厢运输。任何情况下,爆炸品不得与普通货物混装,同类爆炸品配装必须符合配装组的组合要求。装卸同类爆破物品应逐车装卸,不得在同一装卸点同时对两车或两车以上进行装卸作业。必须按照"卸货优先、轻车让重车"的原则安排爆炸品的装卸工作。

(7)使用手推车等工具时,要检查机具是否完好,搬运中装箱不宜过多,速度不宜过快,载重量不应超过300kg,搬运过程中应采取防滑、防摩擦和防止产生火花等安全措施。要注意将爆炸品包装箱捆牢,以预防在起步、停车、转弯时摔箱。

(8)装运火箭弹和旋上引信的炮弹,只能横装在货厢内与车辆行进方向垂直,严禁顺装、立装或侧装。这是因为车辆在行使过程中如果出现上下颠簸、突然起动或停车情况时,顺装、立装或侧装的炮弹,就会因受到巨大的惯性力作用,可能引起炮弹中的引信保险先期脱落,若再受振动即可能爆炸。

(9)如搬运时发现爆炸品的包装箱体破裂、松开或箱盖脱落,则不得装运,应小心卸下后单独放置,以便及时更换包装。对于由于受压而略有变形的纸箱,可在装卸时摆放在箱堆的上部。装卸时如发现产品药剂撒出,应立即停止装卸作业,在安全员的指导下,将撒药的箱包移至安全地带,并对撒有药剂的地点进行处理和湿法清扫后,方能恢复作业。

(10)装卸作业应在白天进行,夜间作业应有足够的照明;作业现场温度超过35℃时,应停止装卸作业。如必须装卸的,应用冷水喷淋现场,使作业现场温度降到30℃以下,方可作业。天气恶劣时,如遇雷电雨、强风或冰雹,应停止作业。

(11)如果装卸现场发生火灾,应立即提醒装卸人员停止产品的装卸,并将车辆驶离装卸区,停车、熄火、关闭电源。

图3-1-14是爆炸品卸货的实例图。

图3-1-14　爆炸品卸货的实例图

四、常运爆炸品及应急处置

1. 火药、炸药及起爆药

1)火药

火药又称发射药,是极易燃烧的固体物质,量大时或在密闭状态下也能转变为爆炸,但军事上主要利用其燃烧有规律的性质,用作枪弹、炮弹的发射药和火箭、导弹的推进剂及其他驱动装置的能源。火药按其结构又分为:

(1)单基药。主要成分为硝化纤维素(UN 0340,UN 0341,CN 11032)。

(2)双基药。主要成分是硝化纤维素(UN 0340,UN 0341等,CN 11032)、硝化甘油和硝化甘油乙醇(UN 0144,CN 11034)。

(3)三基药。主要成分是硝化纤维素(UN 0340,UN 0341 等,CN 11032)、硝化甘油与硝基胍(UN 0282,CN 11027)。

(4)黑火药。主要成分是硝酸钾、硫黄、木炭的有机混合物,各成分配比不同,其性能也不同。

硝化纤维素(别名硝化棉),为纤维素与硝酸酯化反应的产物,是用精制棉与浓硝酸和浓硫酸酯化反应而得。广泛用于火工、造漆等行业,摄影胶片、赛璐珞、乒乓球都用其做原料。其外观像受过潮的棉花,色白而纤维长,因此,误其为棉花而发生事故也时有所见。硝化棉中含氮量不超过 12.5% 时,只能引起自燃,不会爆炸。因此,含氮量大于 12.5%,且所含水分不得少于 32% 的硝化棉,则属于 1.1 项危险货物(爆炸品);含氮量小于 12.5%,且所含水量不少于 32% 的硝化棉,属于 4.1 项危险货物(易燃固体)。

硝化棉不仅易燃且易分解。松散的硝化棉在空气中燃烧不留残渣,增大密度时,燃速下降。大量硝化棉在堆积或密闭容器中燃烧能转化为爆轰。干燥的硝化棉极不稳定,易被点燃,易因摩擦而产生静电,在较低温度下能自行缓慢分解,放出大量的有毒气体并伴随放热,温度迅速上升而自燃。若含水 25% 时较为安全。

火药是以燃烧反应为主要化学变化形式的爆炸性物质,它具有规定的几何形状和尺寸、一定的密度和足够的机械强度。当采用适当的方式点火后,能够按照平行层规律燃烧,放出大量热和气体,对弹丸作发射功,或对火箭作推进功。常见火药的形式有:带状、棍状、片状、长管状、七孔状、短管状和环状等。

2)炸药(猛炸药)

炸药是相对稳定的物质,在一般情况下比较安定,能经受生产、储存、运输、加工和使用过程中的一般外力作用。只有在相当大的外力作用下(如受热、撞击)才能引爆,通常是用装有起爆药的起爆装置来激发其爆炸反应。猛炸药按其组成情况可分为:

(1)单质炸药。如三硝基甲苯(梯恩梯)(UN 0209,CN 11035)、环三亚甲基三硝胺(旋风炸药;黑索金;RDX)(UN 0483,CN 11041)、季戊四醇四硝酸酯(季戊炸药、泰安)(UN 0150,CN 11049)等。

(2)混合炸药。如三硝基甲苯(梯恩梯)(UN 0209,CN 11035)与环三亚甲基三硝胺(旋风炸药;黑索金;RDX)(UN 0483,CN 11041)或其他两种以上单质炸药的混合物。

(3)工程炸药。如硝酸铵类的混合爆炸物(UN 0222,CN 11082)。

炸药爆炸时化学反应速度非常快,在瞬间形成高温高压气体并释放出大量热量,以极高的功率对外界做功,使周围介质(如建筑,交通设施等)受到强烈的冲击、压缩而变形或破碎。一般炸药按不同的爆炸效应要求和不同的装药形状、条件填装子弹类的弹丸(战斗部)以达到爆炸后杀伤和破坏等作用。

2. 火工品及引信

装有火药或炸药,受外界刺激后燃烧或爆炸,以引燃火药、引爆炸药或做机械功的一次性使用的元器件和装置统称火工品。它靠简单的激发冲量(如加热、火焰、冲击、针刺、摩擦)

起作用产生火焰,点燃发射药或引信药剂(延期药、加强药和时间药)引爆雷管和炸药。

引信是装配在弹药中,能够控制战斗部(如炮弹的弹丸,火箭的弹头,地雷的雷体和手榴弹的弹壳等)在相对目标最有利的地位或最有利的时间完全引起作用的装置。而引信中能够适时起激发作用的元件就是火工品。某些火工品不只装在引信中,它还装于发射装药或火箭发动机中用来点燃发射药。所以,火工品是引燃和引爆器材的总称。因此,火工品、引信和战斗部三者是不可分割的一个整体。战斗部靠引信来控制,而引信的控制作用,重要的一部分由火工品来完成。

火工品都是小的炸药元件,具有比较高的感度。其大致可分为两种:一种按输入冲量形式分为机械、热、电、爆炸装置等;另一种按输出形式分为点火器(包括火帽、底火、延期药、点火索、点火具等)和起爆器材(包括雷管、导爆索、导爆管、传爆管等)。

引信的构造主要包括发火和保险两个部分。引信的机构由多种零件组成,其引爆过程是击针冲击火帽,火帽的火焰能量引爆雷管产生爆轰波,此波再引爆传爆管药粒后产生较大的爆轰波使整个弹丸爆炸。

3. 烟花爆竹

根据烟花爆竹相关国家标准的规定,烟花爆竹是以烟火药为原料制成的工艺美术品,通过着火源作用燃烧(爆竹)并伴有声、光、色、烟、雾等效果的娱乐产品。

烟花爆竹是我国传统的手工艺品,其历史悠久,品种繁多。其中有欢庆节日的大型高空礼花;有应用于航海、渔业的求救信号弹;有体育、军事训练用的发令纸炮、纸壳手榴弹、土地雷;还有农业、气象用的土火箭等。但对撞击、摩擦引发的拉炮、摔炮(搅炮)以及穿天猴、地老鼠、土火箭之类的烟花,因为不安全,国家已明令严禁制造和销售。

烟花爆竹大都是以氧化剂(如氯酸钾、硝酸钾、硝酸钡等)与可燃物质(如木炭、硫黄、赤磷、镁粉、铝粉等),再加以着色剂(如钠盐、锶盐、钡盐、铜盐等)、黏合剂(如酚醛树脂、虫胶、松香、糯糊等)为主体的物质,按不同用途,装填于泥、纸、绸质的壳体内。其组成成分不但与爆炸品相同,而且还有氧化剂成分,应该是很敏感、很危险的。但其大部分产品用药量甚少,用药量最多占30%,其余70%左右为泥土和纸张等杂物,这决定了它具有较好的安定性。如其包装不妥或对其爆炸危险性认识不足,同样也会造成爆炸事故。因此对烟花爆竹的包装要求不能低估。在公路运输过程中,各类从业人员一定要按照相关操作规程严格遵守。

4. 爆炸品的一般灭火方法与泄漏处理

1) 灭火方法及处置

(1) 一般灭火方法。

①在爆炸品发生爆炸后,应迅速判断和查明发生再次爆炸的可能性和危险性,紧紧抓住爆炸后和再次发生爆炸之前的有利时机,采取一切可能的措施,全力制止再次爆炸的发生。

②通常有效的灭火方法是用密集的水流或喷雾状水,通过冷却达到灭火的目的,但不能采取窒息法或隔离法。禁止使用砂土覆盖燃烧的爆炸品,否则会导致由燃烧转化为爆炸。对有毒性的爆炸品,灭火人员应戴防毒面具。

③扑救爆炸品货物时,水流应采用吊射,避免强力水流直接冲击货物,以免货物堆垛倒塌引起再次爆炸。

④灭火人员应尽量利用现场形成的掩蔽体或尽量采用卧姿等低姿态射水,尽可能采取自我保护措施。

⑤如果有疏散可能,人身安全上确有可靠保障,应迅速及时疏散着火区域周围的爆炸品,使着火区周围形成一个隔离带。

⑥灭火人员发现有发生再次爆炸征兆或危险时,应立即撤退;来不及撤退时,应就地卧倒。

(2)运输途中火灾处理。

运输过程中发生火灾时,应尽可能将爆炸品转移到危害最小的区域或进行有效隔离。不能转移、隔离时,应组织人员疏散。施救的建议程序如下。

①把车辆开离公路并远离住宅、树木和其他易燃物体,停车、熄火、关闭电源。同时,拨打110报警电话,清楚地汇报事故发生的时间、地点及现场火势情况和救援所需要的特殊设备;随后向本企业或单位报告。

②在车辆四周建立警戒线,提醒过往的车辆和人员不要靠近。

③驾驶人员立刻穿戴好个人防护用品(轻型防护服、防毒面具等),在确保自身安全的情况下,使用车载灭火器灭火,禁止用水来灭火。

④维持现场秩序,等候救援队伍到来;准备随车携带的产品资料,供救火队伍行动参考。

⑤等救助队伍到达时,配合消防人员进行灭火。

⑥没有安全主管或消防人员的同意,不要移动车辆,直到火灾被完全扑灭。

2)泄漏处理

在运输途中泄漏时,要按照以下要求进行处理:

①驾驶人员应尽可能把车开到安全区域停车、熄火、关闭电源;

②立刻穿戴好个人防护用品;

③在车辆前后100米处设置三角警告牌,阻止其他人员靠近;

④阻止泄漏物接触任何火源;

⑤阻止围观人员靠近泄漏物,告诉群众泄漏爆炸品的危险性;

⑥按照爆炸品泄漏处理方法,站在上风处对泄漏进行处理;

⑦无法处理泄漏物,因泄漏引起的危险性可能进一步增大时,应立即拨打110报警电话,清楚地汇报事故的时间、地点及现场情况和救援所需要的特殊设备;同时向本企业或单位报告;

⑧维持现场秩序,等候救援队伍到来;

⑨不要起动或移动车辆,直到所有的泄漏物被安全的处理好并恢复正常状态。

对爆炸品的泄漏物,应及时用水湿润,再撒以锯末或棉絮等松软物品,收集后要保持相当湿度,报请公安部门或消防人员处理,绝对不允许将收集的泄漏物重新装入原包装内。

爆炸品运输事故应急措施说明见表3-1-7。

爆炸品运输事故应急措施说明　　　　　　　　　　　　　表 3-1-7

爆炸品类别	需配备的专用应急器材	泄漏应急行动	火灾(爆炸)应急行动
爆炸品 (1.1项)	防护服(手套、靴子、防火工作服、带护镜的头盔);自给式呼吸器;防火花软底鞋;软刷和塑料簸箕	扫除或收拾起这些物品,如物品仍然完整但出现损害,将其隔离并寻求指示。 应保持物质的湿润。如可行,使用软刷和塑料簸箕收集泄漏物,以便将泄漏物和污染了的设备安全地予以转移处置	如包件没有直接卷入火中,要尽量防止火触及爆炸物。通常的做法是保持包件湿润,在尽可能远的地方用水射流将火隔开。如实际可行,转移可能卷入水中的包件。如火触及爆炸物,人员放弃包件并撤离该区域
爆炸品 (1.2项)		扫除或收拾起这些物品,如物品仍然完整但出现损害,将其隔离并寻求指示。 应保持物质的湿润。如可行,使用软刷和塑料簸箕收集泄漏物,以便将泄漏物和污染了的设备安全地予以转移处置	如包件没有直接卷入火中,要尽量防止火触及爆炸物。通常的做法是保持包件湿润,在尽可能远的地方用水射流将火隔开。如实际可行,转移可能卷入水中的包件。如火触及爆炸物,人员撤离至安全区域并继续从安全的位置灭火。如可行,应将已经暴露在火中的物品分离开,并在安全的距离外进行监视,寻求指示
爆炸品 (1.3项)			
爆炸品 (1.4项)			
爆炸品 (1.5项)		应保持物质的湿润。如可行,使用软刷和塑料簸箕收集泄漏物,以便将泄漏物和污染了的设备安全地予以转移处置	

第二章 剧毒化学品道路运输

《危险化学品安全管理条例》对剧毒化学品的生产、储存、销售和道路运输提出了更加严格和具体的要求。由于剧毒化学品的特殊性,在危险货物道路运输过程中一旦发生泄漏事故,将造成重大经济损失和人员伤亡,尤其是对环境的污染会造成极大社会影响。因此,全面了解剧毒化学品的特性、运输要求以及应急处置,对运输安全和维护危险货物道路运输从业人员的自身安全尤为重要。

本章重点介绍剧毒化学品的特性、运输要求以及应急处置。

第一节 剧毒化学品的定义和特性

《道路运输爆炸品和剧毒化学品车辆安全技术条件》(GB 20300—2018)将剧毒化学品定义为:具有非常剧烈毒性危害的化学品,包括人工合成的化学品及混合物(含农药)和天然毒素。在实际工作中,剧毒化学品以列入国家安全生产监督管理总局等10部委公告《危险化学品目录(2015版)》中的为准。

拓展知识

《危险化学品目录(2015版)》的有关说明

在《危险化学品目录(2015版)》的"说明"中,对剧毒化学品进行了定义和判定界限。

1. 剧毒化学品的定义

在《危险化学品目录(2015版)》的"说明"中,将剧毒化学品定义为,具有剧烈急性毒性危害的化学品,包括人工合成的化学品及其混合物和天然毒素,还包括具有急性毒性易造成公共安全危害的化学品。

2. 剧毒化学品的判定

在《危险化学品目录(2015版)》的"说明"中,剧烈急性毒性判定界限为,"急性毒性类别1,即满足下列条件之一:大鼠实验,经口 $LD_{50} \leq 5mg/kg$,经皮 $LD_{50} \leq 50mg/kg$,吸入(4h)$LC_{50} \leq 100ml/m^3$(气体)或 $0.5mg/L$(蒸气)或 $0.05mg/L$(尘、雾)。经皮 LD_{50} 的实验数据,也可使用兔实验数据"。

剧毒化学品标志,如图3-2-1所示。

图 3-2-1 剧毒化学品标志

本书作者根据《危险化学品目录(2015版)》制作了《剧毒化学品目录(2015版)》,见附录,供剧毒化学品道路运输从业人员学习参考。

一、剧毒化学品的参数

在判断剧毒化学品的毒性时,要使用毒理学中常用的主要参数,具体如下。

1. 半数致死量(LD_{50})

半数致死量用 LD_{50} 表示,又叫"致死中量",是指能杀死一半试验总体之有害物质、有毒物质或游离辐射的剂量。具体讲,LD_{50} 是指能使一群试验动物(小白鼠、家兔等)的死亡率达到50%时的每千克体重的毒性物质用量。如某物质对人的致死情况与白鼠相同,则体重为 W 千克的某人的50%致死的毒性物质摄入量为 $LD_{50}×W$。LD_{50} 是描述有毒物质或辐射毒性的常用指标之一。

2. 经口 LD_{50}、经皮 LD_{50}

毒性物质摄入的途径有口服、皮肤接触和呼吸三种。对口服和皮肤接触都用半数致死量(致死中量)来表示。所以致死中量又分为:经口 LD_{50}(口服 LD_{50})和经皮 LD_{50}(皮试 LD_{50})。

1)经口 LD_{50}

急性经口毒性(经口 LD_{50})是指经口腔基于一次剂量或在24小时内给予多次剂量的受试物后短时间内产生的有害作用。经口 LD_{50}(经口半数致死量)是从统计学上预测,指当经口腔给予受试物品后引起50%受试动物死亡的剂量。

2)经皮 LD_{50}

急性经皮毒性(经皮 LD_{50})是指一次经皮肤涂抹受试物后短时间内对动物产生的有害作用。经皮半数致死量是从统计学上预测,指当一次经皮肤涂抹受试物品后引起50%受试动物死亡的剂量。

必须说明的是,同一种毒性物质的经口 LD_{50}、经皮 LD_{50} 这两个指标值是不同的,须经试验而定。

3. 吸入 LC_{50}

经呼吸途径中毒,就不能用致死中量来量度,而用半数致死浓度来表示。在动物急性毒性试验中,使受试动物半数死亡的毒物浓度"半数致死浓度",用 LC_{50} 表示。LC_{50} 表示空气中毒物对哺乳动物的急性毒性,一般是指受试动物吸入毒物 2 小时或 4 小时后的试验结果,可不注明吸入时间,但有时也可写明时间参数。例如 LC_{50} 是指引起动物半数死亡的浓度和吸入时间的乘积,时间一般用分钟表示。具体讲,LC_{50} 是指一群试验动物与气体毒性物质呼吸接触一定时间后有 50% 死亡的该毒性物质在空气中的浓度。对气体毒性物质通常用 ppm 表示,1ppm 表示该毒物在空气中浓度为一百万分之一(10^{-6});粉尘毒性物质用每立方米空间含有某毒害品的毫克数表示(mg/m^3)。

一般剧毒化学品毒性判定界限:大鼠试验,经口 $LD_{50} \leqslant 50mg/kg$,经皮 $LD_{50} \leqslant 200mg/kg$,吸入 $LC_{50} \leqslant 500ppm$(气体)或 $2.0mg/L$(蒸气)或 $0.5mg/L$(尘、雾),经皮 LD_{50} 的试验数据,可参考兔的试验数据。

二、剧毒化学品的特性

1. 毒性物质的物理形态

毒性物质的形态可能是固体,也可能是液体或气体。尤以气体、蒸气、雾、烟、粉尘等形态活跃于生产环境的毒性物质会污染空气,且易经呼吸道进入人体,还可能污染皮肤,经皮肤吸收进入人体。

(1)气体。指在常温、常压下呈气态的物质。如氯气、氰化氢、硫化氢、氨气等。因其在流通过程中一般是经降温、加压盛装于耐压容器中,这样将这类物质称为有毒气体并列为第 2 类危险货物(即 2.3 项毒性气体)内,其毒性大小、危险程度的量度标准参照本类毒性物质的量度标准。

(2)蒸气。指有毒固体升华、有毒液体蒸发或挥发时形成的有毒蒸气,当然也包括列入其他类别的固体或液体的蒸气。凡是沸点低、蒸气压大的物质,如有机溶剂,都容易形成蒸气,散发到空气中造成危害。

(3)雾。指混悬在空气中的液滴。如硝酸、盐酸、硫酸等在空气中散发出来的酸雾,也具有相当的毒性。

(4)烟。指飘浮于空气中的固体微粒,其直径小于 $0.1\mu m$。有机物加热或燃烧时可以产生烟,例如农药熏蒸剂燃烧时所产生的烟。

(5)粉尘。指能较长时间飘浮于空气中的固体微粒,其粒子直径为 $0.1 \sim 10\mu m$。

上述形态的物质不仅本类物质所具有,在其他几类物质中也普遍存在。毒性物质通常是指常温、常压下呈液态或固态的物质。

2. 人畜中毒的途径

毒性物质对人畜发生作用的先决条件是侵入体内。人畜中毒的途径是呼吸道、皮肤和消化道。在运输中,毒性物质主要经呼吸道和皮肤进入人体内,经消化道进入的较少。

(1) 呼吸道。整个呼吸道都能吸收毒性物质，尤以肺泡的吸收能力最大。肺泡面积很大，肺泡壁很薄，有丰富的微血管，所以肺泡对毒性物质的吸收极其迅速。有毒气体和蒸气，$5\mu m$ 以下的尘埃能直接到达肺泡，进入血液循环而分布全身，可在未经肝脏转化之前就起作用。呼吸道吸收毒性物质的速度，取决于空气中毒性物质的浓度、毒性物质的理化性质、毒性物质在水中的溶解度和肺通气量、心血输出量等因素。而肺通气量和心血输出量又与劳动强度、气温等有关。

(2) 皮肤。有许多毒性物质能通过皮肤吸收，吸收后不经过肝脏即直接进入血液循环。毒性物质经皮肤吸收的途径大致有3条：通过表皮屏障；通过毛囊；极少数可通过汗腺。由于表皮角质层下的表皮细胞膜富有固醇磷脂，故对非脂溶性物质具有屏障作用。表皮与真皮连接处的基膜也有类似作用。脂溶性物质虽能透过此屏障，但除非该物质同时又有一定的水溶性，否则不易被血液吸收。但当皮肤损伤或患有皮肤病时，其屏障作用被破坏，此时原来不会经皮肤被吸收的毒性物质能大量被吸收。毒性物质经皮肤吸收的数量和速度，除与毒性物质本身的脂溶性、水溶性和浓度等有关外，还与皮肤的温度升高、出汗增多、创伤部位等有关。

(3) 消化道。毒性物质经消化道进入体内，一般都是在运输装卸作业后，被毒性物质污染的手未彻底清洗就进食、吸烟或将食物、饮料带到作业场所被污染而误食。另外，一些进入呼吸道的粉尘状毒性物质也可随唾液咽下而进入消化道。毒性物质经消化道吸收主要是在小肠。但某些无机盐（如氰化物）及脂溶性毒性物质，可经口腔黏膜吸收。经消化道吸收的毒性物质一般先经过肝脏，在肝脏转化后，才进入血液循环，故其毒性较小。

3. 毒性物质的化学特性是毒性大小的决定因素

无机毒性物质中，含有汞（Hg）、铅（Pb）、钡（Ba）、氰根等的物质一般均属于毒性物质。

凡带有氰根的化合物，能在人体内释放出游离氰根，即可抑制细胞色素氧化酶，毒性较大。如氰化钠溶于水后即释出游离氰根，属剧毒品。而氰化银不溶于水，在水中几乎不释出游离氰根，因此其毒性比氰化钠小。硫氰酸钠在水中不释出游离氰根，而以硫氰酸根存在，毒性又小得多。

有机毒性物质中，含有磷（P）、氯（Cl）、汞（Hg）、氰基、铅（Pb）、硝基、氨基多数属于毒性物质。如苯胺、硝基苯等进入人体后，形成高铁血红蛋白，使血液失去运输氧气的功能，最后造成人体组织缺氧。卤代烃随着卤原子增多，其毒性增大。如一氯甲烷、二氯甲烷、三氯甲烷、四氯甲烷，随着氯元素的增加，毒性依次增强。绝大多数有机磷农药和磷酸酯类及硫化磷酸酯类进入人体后对人体有害，如磷酸三甲苯脂和二硫化焦磷酸四乙酯等。

4. 毒性物质的物理特性对毒性大小的影响

就毒性物质本身而言，其化学组成和结构是毒性大小的决定因素。但毒性物质的物理特性也可影响毒性作用的大小。影响毒物的因素主要有：元素的化学组成和结构；毒物在水中的溶解度；毒物的颗粒大小；毒物的溶解性质；沸点的高低等。

(1) 毒性物质在水中的溶解度越大，其毒性也越大。如：氯化钡能溶于水，毒性较大。硫酸钡不溶于水,人吞服基本无毒。三氧化二砷的溶解度比三硫化二砷大3万倍,故前者的毒性大。

(2)毒性物质的颗粒越小,越易引起中毒。因为颗粒越小,越易进入呼吸道而被吸收。将氰化钠制成颗粒状进行运输或储存,就是为降低其毒性。

(3)脂溶性毒性物质易透过皮肤溶于脂肪进入血液引起中毒。如苯胺、硝基苯一类毒性物质很容易通过皮肤引起中毒。

(4)毒性物质沸点越低,越易引起中毒。毒性物质沸点越低,就越易挥发成蒸气,增加毒性物质在空气中的浓度,而引起吸入中毒。同理,气温越高,毒性物质的挥发性越大,同时还会增加毒性物质的溶解度和加剧人体呼吸的次数,从而增加毒性物质进入人体的可能性。

影响毒物作用的因素有很多,包括机体的功能状态、年龄、性别和妊娠、毒物进入机体的途径、毒物的浓度(剂量)和作用的时间、毒物的化学结构和理化性质以及毒物的联合作用等。

第二节 剧毒化学品道路运输车辆要求

涉及剧毒化学品道路运输车辆技术的要求,主要有《道路运输爆炸品和剧毒化学品车辆安全技术条件》(GB 20300—2018)和《道路运输液体危险货物罐式车辆 第1部分:金属常压罐体技术要求》(GB 18564.1—2019)。

GB 20300对爆炸品、剧毒化学道路运输车辆提出了严格的安全技术要求,其主要内容参见本篇第一章中的"爆炸品道路运输车辆要求"。以下主要介绍有关剧毒化学品罐车的内容。

一、罐体有效容积和罐体核定容积

罐体有效容积,是指在常温下罐体装满水时所容纳的水的体积。

我国工业和信息化部的《车辆生产企业及产品公告》或罐体的《危险化学品运输汽车罐体委托检验报告》《危险化学品运输罐车安全质量检验报告》标注了罐体的核定容积。

二、罐体防护要求

运输危险品的罐体及罐体上的管路及管路附件不得超出车辆的侧面及后下部防护装置,罐体后封头及罐体后封头上的管路和管路附件与后下部防护装置的纵向距离不得小于150mm。

三、有关常压罐车的概念

(1)道路运输液体危险货物罐式车辆是指罐体内装运液体危险货物,且与定型汽车底盘或半挂车车架永久性连接的道路运输罐式车辆。

(2)液体是指在50℃是蒸气压力不大于0.3MPa(绝压)或在20℃和1.1013MPa(绝压)压力下不完全是气态,在1.1013MPa(绝压)压力下熔点或起熔点不大于20℃的货物。

四、对罐车的基本要求

(1)在罐体设计时,强调了罐车设计时,要保证罐车不超载。同时,在罐体允许最大从装量中,再次强调了"罐体允许最大从装质量应不大于罐车的额定载质量"。

(2)装运易燃、易爆类介质的罐车应还应满足,一是应配备不少于2个与载运介质相适应的灭火器或有效的灭火装置;二是发动机排气装置应采用防火型或在出气口加装排气火花熄灭器,且排气管出口应安装到车身前部,排气火花熄灭器应符合GB 13365的规定;三是非金属衬里的罐体,应有防静电措施;四是罐体及其附加的防静电要求应该符合GB 20300的有关规定。

五、标识

罐体两侧后部色带的上方喷涂装运介质的名称,字高不小于200mm,字体为仿宋体。字体颜色应符合如下要求:

(1)易燃、易爆类介质为红色;

(2)有毒、剧毒类介质为黄色;

(3)腐蚀、强腐蚀介质为黑色;

(4)其余介质为蓝色。

六、出厂文件

罐体(车)出厂时,制造单位至少应向用户提供下列技术文件和资料:

(1)产品质量证明书;

(2)产品竣工图;

(3)产品使用说明书;

(4)产品合格证;

(5)罐体产品安全性能监督检查书;

(6)罐体安全附件质量证明书。

罐体(车)产品使用说明书,至少应有操作规程、最大允许充装质量的控制要求。同时,还要有维护、要求,常见事故的排出方法等。

七、在用检验

罐体的在用检验,主要包括以下内容:

(1)重复使用前检查,包括外观检查,安全附件、仪表和装卸附件及随车防护用具检查。

(2)定期检验,包括罐体资料审查、结构和几何尺寸检验、罐体外观检验、附件(安全泄放装置、紧急切断装置、真空减压阀、导静电装置、装卸附件、仪表)检验、罐体壁厚测定、罐体试验、罐体与底盘(或者行走机构)连接检查。

八、允许充装介质

对罐车罐体有运装介质的要求。工业和信息化部《车辆生产企业及产品公告》确定了罐车罐体的允许装载介质。同时,在《罐体合格证》的《产品数据》、《罐体铭牌》和出厂检验证书《危险化学品运输汽车罐体委托检验报告》或《危险化学品运输罐车安全质量检验报告》也都明确了运装介质。

第三节　剧毒化学品运输安全及应急处置

一、剧毒化学品道路运输驾驶人员安全要求

1. 基本要求

1)文化程度

从事剧毒化学品道路运输的驾驶人员,不仅要掌握驾驶车辆的技能,还应该具备一定的文化程度,以便能更全面和深入地了解所装运剧毒化学品的理化性质、危害特性、包装物或者容器使用的基本要求和发生意外事故时的处置措施。

2)身体条件

由于剧毒化学品的危害性大,要求从事剧毒化学品道路运输的驾驶人员要身体健康,无妨碍驾驶的疾病。

3)资格要求

为保证剧毒化学品道路运输安全,减少事故,要求从事剧毒化学品道路运输的驾驶人员需取得注明为"剧毒化学品运输"的驾驶人员从业资格证。

4)专业技能

除了具备较好的驾驶技能外,从事剧毒化学品道路运输的驾驶人员必须接受其所属企业或单位安排的有关安全生产法规、安全知识、专业技术、职业卫生防护和应急救援知识等方面的培训,了解所运剧毒化学品理化性质、危害特征、包装容器的使用特性和发生意外事件或运输事故时的应急措施。

在运输过程中,驾驶人员应当随车携带《危险货物道路运输安全卡》,了解所运剧毒化学品的性质、危害特性、包装物或者容器使用的基本要求,以及发生事故时的处置措施,并严格执行《危险货物道路运输规则》(JT/T 617)等标准,不得违章作业。

2. 岗位职责

(1)严格遵守《道路危险货物运输管理规定》等有关危险货物道路运输,特别是涉及剧毒化学品道路运输的法律、法规和规章,严格执行《道路运输危险货物车辆标志》(GB

13392)、《危险货物道路运输规则》(JT/T 617)等国家、行业标准中关于危险货物道路运输以及剧毒化学品道路运输的规定。

（2）观察交通状况,严格遵守道路交通安全法律法规安全驾驶；按照安全运输规定、行车路线、行车时间行车和停车,确保行车和运输安全,防止发生交通事故。除押运人员外,车辆不得搭载无关人员和其他物品。

（3）执行公司安全运输的各项规章制度和操作规程。

（4）车辆(罐体)日常维护与清理。

（5）出车前、行车中、回场后车辆(罐体)检查。

（6）检查随车携带相关证件、运输文件是否齐全有效,如《危险货物道路运输安全卡》《剧毒化学品公路运输通行证》等。

（7）车辆安全防护设施、设备及消防、劳动防护、捆扎等器材是否齐全良好有效,及时发现、排除车辆安全隐患,保持车辆技术状况良好。

（8）参加安全教育与培训活动,学习安全技术知识与技能,掌握危险货物道路运输以及剧毒化学品道路运输安全技术、技能与应急处理办法,了解所运输剧毒化学品的物理、化学特性。

（9）妥善保管并能正确使用各种劳动保护、防护用品和消防器材。

（10）发生运输事故时,及时报警、报告本单位,实施应急处置,维护好现场。

3. 工作要求

1）出车前

（1）运输剧毒化学品的专用车辆应选用符合《道路运输爆炸品和剧毒化学品车辆安全技术条件》(GB 20300)的罐式专用车辆或者货厢为整体封闭结构的厢式货车。罐式专用车辆的罐体容积不得超过 $20m^3$,但符合国家有关标准的罐式集装箱除外；厢式车辆的核定载质量不得超过 10t,但符合国家有关标准的集装箱运输专用车辆除外。

（2）装车前应检查剧毒化学品运输车辆的车厢或集装箱底板,确保平坦完好。将货厢或集装箱清扫干净,罐体清洗干净,排除异物。运输液氯等氧化性较强的剧毒化学品,应认真检查货厢是否清洁,必须保证货厢内无油脂及含油脂的残留物(如油棉纱团等)。

（3）检查车辆配备的消防器材,发现问题应立即更换或修理。驾驶室内应配备一个干粉灭火器,在车辆两边应配备与所装载介质性能相适应的灭火器各一个。

（4）根据所装货物及包装情况,备好防散失用具等应急处置器材。

（5）检查随车携带相关证件、运输文件是否齐全有效,特别是查验《剧毒化学品公路运输通行证》是否携带及有效。

（6）驾驶人员应根据所装运剧毒化学品的毒性、状态、包装情况,配备防护用品防(如工作服、手套、防毒口罩、护目镜或者轻型防护服、毒面具等)及防散失、防雨等工属具。运输大型气瓶(如液氯等),车上必须配备防止钢瓶滚动的紧固装置,如插桩、垫木、紧绳器等。

（7）在装卸作业时应按照指定位置停车,熄灭发动机,实施手制动,装设好导静电橡胶拖地带。

（8）进入作业区，可根据不同剧毒化学品的危险特性，穿戴好相应的防护服装、手套、防毒口罩、防毒面具和护目镜等。

（9）进入作业现场对刚开启的仓库、集装箱、封闭式车厢，要先通风排气，驱除积聚的有毒气体。

（10）在运输作业现场，人尽量站立在上风处，不能在低洼处久留，不能在货物上坐卧、休息，作业过程中不能进食、吸烟、饮水。工作前后严禁饮酒。

（11）剧毒化学品与其他危险货物混装应符合有关规定。一般来说，无机剧毒化学品不得与酸性腐蚀品、易感染性物品配装；有机剧毒化学品不得与爆炸品、助燃气体、氧化剂、有机过氧化物及酸性腐蚀物品配装；剧毒化学品严禁与食用、药用的危险货物同车配装。

2）运输过程中

为了保证剧毒化学品的运输安全，在运输过程中应按以下要求进行：

（1）应将车厢门锁牢后方可运行车辆，不准敞开车门行驶。

（2）剧毒化学品道路运输时，其运输时间、路线应事先报请当地公安部门批准，按公安部门指定的时间、路线限速行驶，不得擅自改变行驶路线，以利于加强运行安全管理。车上无押运人员不得单独行驶，车上严禁搭乘无关人员和危及安全的其他物资。

（3）行车中必须集中精力，严格遵守交通法规和操作规程，同时注意观察，保持行车平稳。

（4）行车途中应严控车速，尽量避免紧急制动，车辆转弯前应减速，保持车辆平稳运行，以防止因紧急制动、急转弯等造成装载货物摩擦、振动、坍塌、坠落，引发泄漏、火灾或车辆侧翻事故。

（5）运输途中不得随意停车，更不得在人口聚集地、交叉路口、火源附近停车。运输过程中需要停车住宿或遇有无法正常运输的情况时，应向当地公安部门报告，将车停放在有利于安全防护的地方，停车时要始终有人看守。

（6）夏季高温季节，应按照作业地规定的作业时间运输。若必须运输，车上应有有效的遮阳设施，封闭式货厢应保持车厢通风良好。

（7）中途停车时，停车点应远离人口密集区；临时停靠或途中住宿过夜时，车辆应有专人看管；途中住宿过夜，应向当地公安部门报告。

（8）运输途中应每隔一定时间停车检查车上货物情况，发现包装破漏要及时处理，防止漏出物损坏其他包装，酿成重大事故。

（9）车辆重载若发生故障，在维修时应严格控制明火作业，不得离开车辆，要随时注意周围环境是否安全，发现问题应及时采取措施。

（10）运输途中发生燃烧、爆炸、污染、中毒或者被盗、丢失、流散、泄漏等事故，应会同押运人员立即根据应急预案和《危险货物道路运输安全卡》的要求采取应急处置措施，并向事故发生地公安部门、交通运输主管部门和本运输企业或者单位报告。

二、剧毒化学品道路运输押运人员安全要求

剧毒化学品道路运输押运人员是剧毒化学品道路运输安全的重要保障者,明确自身的职责有利于履行自身的责任。

1. 基本要求

1)文化程度

剧毒化学品的特殊性决定其在运输过程中极易发生中毒以及燃烧等严重事故,造成大量人员伤亡、环境破坏、财产损失。因此,要求从事剧毒化学品运输押运人员应具备初中以上的文化程度,以便能更全面和深入地了解所装运剧毒化学品的理化性质、危害特性、包装物或者容器的使用要求和发生意外事故时的处置措施。

2)身体条件

由于剧毒化学品的危害性大,要求从事剧毒化学品运输的押运人员身体健康,无妨碍押运工作的疾病,同时,综合心理素质较好并具有处理突发事故的体能。一般主要妨碍押运的疾病有心血管系统疾病、神经系统疾病、精神障碍等。

3)资格要求

剧毒化学品道路运输的押运人员,需经所在地设区的市级人民政府交通运输主管部门考试合格,取得注明为"剧毒化学品运输"的押运人员从业资格证,方可上岗从业。

4)专业技能

从事剧毒化学品道路运输的押运人员必须接受其所属企业或单位安排的有关安全生产法规、安全知识、作业规程、职业卫生防护和应急救援知识等方面的培训,了解所运剧毒化学品的理化性质、包装容器的使用特性、岗位危害因素和发生意外事件或运输事故时的应急措施。

5)遵章守法

严格遵守《道路危险货物运输管理规定》等有关危险货物道路运输法规,特别是剧毒化学品道路运输的法律、法规和规章,严格执行《道路运输危险货物车辆标志》(GB 13392)、《危险货物道路运输规则》(JT/T 617)等国家和行业标准关于危险货物道路运输以及剧毒化学品道路运输的规定;并严格执行本公司安全运输的各项规章制度和安全生产作业规程。

2. 工作要求

1)出车前

(1)接受任务后,应立即到调度室办理相关手续。同时要会同驾驶人员领取并掌握当班作业单据、验证准运手续、出入库单据等;核实公安部门出具《剧毒化学品公路运输通行证》所载明的;购买单位的名称、地址和购买人员的姓名、身份证号码及所购剧毒化学品的品名、数量、用途、承运人、收货单位等信息;熟悉运输始发地和目的地、运输路线、有效期限、经停地点;了解包装材料和包装方式,运输剧毒化学品的特性、出现险情的应急处置方法。

(2)办好手续后,应立即到票据管理部门对票据进行签章并打印收货收条。

(3)签章后,返回调度室,并再次确认相关注意事项。核查车辆的有关证件、标志应齐全有效、技术状况良好。根据所运剧毒化学品特性,随车携带防潮、降温、防火、防毒等工具和应急处理设备、劳动防护用品。

(4)确认无误后,应立即将办好的手续拿到安全生产部进行数据输入,输入完毕,应与操作人员对单位管理卡和产品出库卡的数据进行确认,并作好标识便于区分。

(5)办完手续立即(到押运班)进行安全教育登记,接受安全教育。必须主动、认真接受出车前安全教育,对照安全教育内容逐一检查自己,签字应字迹工整,条理清晰。接受完安全教育后,应立即到企业办理相关手续,联系驾驶人员查看车辆状况,并整理好个人物品,准备出车。

(6)应认识到押运安全教育的重要性,认真思考执行押运任务途中的安全任务。

(7)车辆的车厢底板应平坦完好、栏板牢固,车厢或罐体内不得有与所装剧毒化学品性质相抵触的残留物。

2)装载时

(1)与运输车辆一同到剧毒化学品库房装产品,应与库管员进行沟通,落实装载库区及车辆停靠点。

(2)装载时,应与库管核对剧毒化学品的品名、数量、规格以及包装标志、安全技术说明书和化学品安全标签,核查包装,确保货物与《剧毒化学品公路运输通行证》(运单)要求一致。

(3)检查装载剧毒化学品的包装是否符合道路运输的要求,内、外包装是否完好无损,包装标志是否齐全、清晰,不符合包装要求的拒绝装载。

(4)检查装载的剧毒化学品不超载、不超限、不混装,而且捆扎牢固(图3-2-2)、盖严实、当木箱包装产品和纸箱包装产品同车运输时,要督促采取可靠措施,防止纸箱被木箱磨烂、压烂或被捆扎绳勒坏的现象。

图3-2-2 液氯气瓶的捆扎

(5)装载剧毒化学品时,确认剧毒化学品的品名、数量无误,包装容器完好。

(6)装载完剧毒化学品出库前,检查车辆配备器材完整好用并签字确认。

(7)剧毒化学品装载完成后,应严格按照操作规程办理交接手续,不得擅自离岗、脱岗,不得擅自离开所押运货物,应使货物随时处于押运人员的监管之下,应监督装卸作业全过程的安全工作,不得干预装卸无关的事,严禁脱岗,以防止危险货物被盗、丢失等事故的发生。

3)运输过程中

(1)发车前必须对其装车情况进行检查确认,锁好车厢门,保管好钥匙并签字确认。

(2)运输途中,应督促驾驶人员按照规定的运输路线、经停地点和运行速度安全运行,并做好翔实押运记录。途中需要改变运输路线、经停地点时,必须报请公安部门批准。

(3)途中认真观察周围情况,原则上每隔2小时要进行一次停车安全检查,严防剧毒化学品丢失、被盗和发生其他情况。行车途中发现捆扎松动或脱绳、断绳等现象应重新捆扎,安全可靠后再继续行驶。途中停车及装卸剧毒化学品时,押运人员应坚守押运岗位。

(4)剧毒化学品在运输途中发生被盗、丢失、流散、泄漏等情况时,必须立即向当地公安部门报告,并与驾驶人员协同配合,采取一切可能的警示措施。

(5)车辆驾驶室内如安装了监视器,要负责时时监控。

(6)中途如有卸货,在卸货以后,要重新对产品堆码情况进行必要的调整,重新清数和捆扎,确定可靠无误后方能继续行驶。

4)到达卸货时

(1)货物运达卸货地点后,应与收货人核对,确认到货时间、剧毒化学品的品名、数量等信息,双人签字办理交接手续。因故不能及时卸货,应当按照操作规程要求将车辆停放在安全位置,设立警示标志,在待卸期间,应会同驾驶人员看管货物。卸货时,应督促装卸人员按照操作规程安全有序地卸载剧毒化学品。押运人员进出货物装卸场所时应自觉遵守各项安全管理制度。

(2)到达目的地后确认剧毒化学品安全并顺利交接,要检查车辆是否被污染。

(3)到达装卸点若遇有其他车辆从事装卸作业,应督促驾驶人员将车辆停靠在安全地带,远离水源和人畜,并设立标志。

(4)货物到达目的地以后要协调收货单位在《剧毒化学品公路运输证》上签证物品到达情况。返回后将《剧毒化学品公路运输证》、收货单等及时交有关部门。剧毒化学品交接工作实行双人收发制度。

(5)办完各种手续及时联系单位,告知本企业货物安全到达。

5)任务完成回场后

安全返回后应及时归队报到,汇报工作情况,交接相关手续,车辆被污染的,应及时安排到指定地点洗车。

三、剧毒化学品装卸管理人员安全要求

从事剧毒化学品道路运输的装卸管理人员,需经所在地设区的市级人民政府交通运输主管部门考试合格,取得注明为"剧毒化学品运输"的装卸管理人员从业资格证,方可上岗

从业。

由于剧毒化学品的危害极大,剧毒化学品装卸工作需要注意如下事项。

1. 装卸作业前

(1)剧毒化学品道路运输车辆应使用厢型货车、集装箱运输车辆或使用压力容器。车辆必须配置符合《道路运输危险货物车辆标志》(GB 13392)要求的车辆标志,符合《道路运输爆炸品和剧毒化学品车辆安全技术条件》(GB 20300)的相关要求。

(2)除有特殊包装要求的剧毒品化学品必须采用化工物品专业罐车运输外,剧毒化学品均应采用厢型或罐式货车运输。罐式专用车辆的罐体容积不得超过 $10m^3$,但符合国家有关标准的罐式集装箱除外;厢式车辆的核定载质量不得超过 10t,但符合国家有关标准的集装箱运输专用车辆除外。

(3)装卸作业前应对照出库单,核对剧毒化学品的名称、规格、数量,并认真检查货物包装。同时,还要检查剧毒化学品的安全标签、标识、标志等与《剧毒化学品公路运输证》(运单)不符或包装破损、包装不符合有关规定的,应拒绝装车。

(4)剧毒化学品装卸作业场所应备有一定数量的应急解毒药品。

(5)对刚开启的剧毒化学品仓库、集装箱、全闭式车厢要先通风,使可能积聚的有毒气体排除。进行装车作业前,应认真检查包件,发现包装破损、渗漏,不得装运。

(6)装卸相关人员必须了解所装卸剧毒化学品的性质、危害特性和发生意外时的应急措施;必须接受有关法律、法规、规章和安全知识、专业技术、职业卫生防护和应急救援知识的培训,并经考核合格,方可上岗作业。装卸管理人员应根据所装卸剧毒化学品的毒性、状态及包装,为装卸人员配备(携带好)相应的劳动防护用品(如工作服、手套、防毒口罩或面具)、防散失、防雨、捆扎等工具。

2. 装卸作业中

(1)所有操作或接触剧毒化学品的装卸人员必须佩戴符合要求的劳动防护用品和器具,劳动防护用品和器具应专人保管,定期检修,保持完好。

(2)严禁装卸人员直接接触剧毒化学品,作业中不得饮食,不得用手擦嘴、脸、眼睛。每天作业完毕,必须及时用肥皂(或专用洗涤剂)洗净面部、手部,用清水漱口,防护用具应及时清洗,集中存放。

(3)装卸人员应正确穿戴劳动防护用品,工作结束后必须更换工作服,并进行清洗后方可离开作业场所。

(4)装卸要平稳,轻拿轻放,严禁肩扛、背负、冲撞、摔碰,以防止包装破损和中毒,严禁架空堆放。

(5)应当根据剧毒化学品的种类、特性,在罐区、作业场所设置相应的监测、防火、灭火、防爆、泄压、降温、防毒、防雷、防静电、防渗漏、防护围堤或者隔离操作、密闭操作等安全设施设备,并按照国家标准和国家有关规定进行维护,保证符合安全运行要求。

(6)作业现场设置通信、报警装置,并保证在任何情况下处于正常适用状态。

(7)要严格检查剧毒化学品装卸物包装容器是否符合规定,包装必须完好,否则拒绝装卸。

(8)液氯不得与液氨配装。

3. 装卸事故的应急措施

(1)若发生泄漏,根据操作规程的技术要求,确定应采取的紧急处理措施。

(2)若发生中毒,根据中毒严重程度进行现场急救或直接送往医院医治。一般情况下,可采取以下措施。

①皮肤接触:应立即脱去受污染衣服,用流动的清水冲洗或用5%硫代硫酸钠水溶液对受污染皮肤浸泡至少20分钟,有条件的可以进行温水淋浴。安排专人监护,一旦出现中毒症状,立即就医进行药物治疗。

②眼睛接触:应立即提起眼睑,用大量的流动清水或生理盐水冲洗至少15分钟,感到眼睛不适或有中毒症的应立即就医。

③吸入:由呼吸道吸入氰化钾或氯化汞,应迅速脱离现场到空气新鲜的地方,保持呼吸通畅。如呼吸困难采取供氧措施;如呼吸停止,做人工呼吸(勿用口对口)和胸外心脏按压术,给吸入亚硝酸异戊酯就医。

(3)若发生火灾,尽力保护好包装容器并迅速将其转移到安全的地方,防止容器破损造成剧毒化学品泄漏,同时用干粉灭火器或沙土灭火。禁用酸碱性或四氯化碳灭火器,消防人员进入火场前,应佩戴好防毒面具。

(4)若产生大量有毒气体,可能对装卸区内外职工群众安全构成威胁,必须在应急指挥部统一指挥下,对与事故应急救援无关的人员进行紧急疏散,对可能威胁居民安全的,指挥部应立即和地方有关部门联系,引导居民迅速撤离到安全地点。

四、常运剧毒化学品及应急处理

含氰基的化合物叫氰化物。氰化物主要有氰化钾、氰化钠、氰化氢、四乙基铅。大多数氰化物属剧毒物质,在体内能迅速离解出氰根,而起毒性作用。50~100mg 就可使人致死。例如氰化钠,俗称山萘或七步倒,即仅1~3mg,人走不出七步路即会死亡。

氰化物虽有较大毒性,但易被分解为低毒或无毒的物质。如氰化钾与水作用会逐渐被分解成甲酸钾和氨。

附　录

附 录
剧毒化学品目录(2015年版)

剧毒化学品目录(2015 年版)

为便于危险货物道路运输管理者使用,本目录是根据《危险化学品目录(2015 年版)》和《危险货物品名表》(GB 12268)制作。本目录第 7 栏和第 8 栏内容供有关人员学习参考。

序号	原表目录编号	名 称	别 名	CAS 号	参考UN	参考包装类别
1	4	5-氨基-3-苯基-1-[双(N,N-二甲基氨基氧膦基)]-1,2,4-三唑[含量>20%]	威菌磷	1031-47-6	3018	
2	20	3-氨基丙烯	烯丙胺	107-11-9	2334	
3	40	八氟异丁烯	全氟异丁烯;1,1,3,3,3-五氟-2-(三氟甲基)-1-丙烯	382-21-8	3162	
4	41	八甲基焦磷酰胺	八甲磷	152-16-9	3018	
5	42	1,3,4,5,6,7,8,8-八氯-1,3,3a,4,7,7a-六氢-4,7-甲撑异苯并呋喃[含量>1%]	八氯六氢亚甲基苯并呋喃;碳氯灵	297-78-9	2761	
6	71	苯基硫醇	苯硫酚;巯基苯;硫代苯酚	108-98-5	2337	
7	88	苯胼化二氯	二氯化苯胼;二氯苯胼	696-28-6	1556	
8	99	1-(3-吡啶甲基)-3-(4-硝基苯基)脲	1-(4-硝基苯基)-3-(3-吡啶基甲基)脲;灭鼠优	53558-25-1	2588	
9	121	丙腈	乙基氰	107-12-0	2404	
10	123	2-丙炔-1-醇	丙炔醇;炔丙醇	107-19-7	2929	
11	138	丙酮氰醇	丙酮合氰化氢;2-羟基异丁腈;氰丙醇	75-86-5	1541	
12	141	2-丙烯-1-醇	烯丙醇;蒜醇;乙烯甲醇	107-18-6	1098	
13	155	丙烯亚胺	2-甲基氮丙啶;2-甲基乙撑亚胺;丙撑亚胺	75-55-8	1921	
14	217	叠氮化钠	三氮化钠	26628-22-8	1687	

续上表

序号	原表目录编号	名 称	别 名	CAS 号	参考UN	参考包装类别
15	241	3-丁烯-2-酮	甲基乙烯基酮;丁烯酮	78-94-4	1251	
16	258	1-(对氯苯基)-2,8,9-三氧-5-氮-1-硅双环(3,3,3)十二烷	毒鼠硅;氯硅宁;硅灭鼠	29025-67-0		
17	321	2-(二苯基乙酰基)-2,3-二氢-1,3-茚二酮	2-(2,2-二苯基乙酰基)-1,3-茚满二酮;敌鼠	82-66-6	2588	
18	339	1,3-二氟丙-2-醇(Ⅰ)与1-氯-3-氟丙-2-醇(Ⅱ)的混合物	鼠甘伏;甘氟	8065-71-2	2588	
19	340	二氟化氧	一氧化二氟	7783-41-7	2190	
20	367	O-O-二甲基-O-(2-甲氧甲酰基-1-甲基)乙烯基磷酸酯[含量>5%]	甲基-3-[(二甲氧基磷酰基)氧代]-2-丁烯酸酯;速灭磷	7786-34-7	3018	
21	385	二甲基-4-(甲基硫代)苯基磷酸酯	甲硫磷	3254-63-5	3018	
22	393	(E)-O,O-二甲基-O-[1-甲基-2-(二甲基氨基甲酰)乙烯基]磷酸酯[含量>25%]	3-二甲氧基磷氧基-N,N-二甲基异丁烯酰胺;百治磷	141-66-2	3018	
23	394	O,O-二甲基-O-[1-甲基-2-(甲基氨基甲酰)乙烯基]磷酸酯[含量>0.5%]	久效磷	6923-22-4	2783	
24	410	N,N-二甲基氨基乙腈	2-(二甲氨基)乙腈	926-64-7	2378	
25	434	O,O-二甲基-对硝基苯基磷酸酯	甲基对氧磷	950-35-6	3018	
26	461	1,1-二甲基肼	二甲基肼[不对称];N,N-二甲基肼	57-14-7	1163	
27	462	1,2-二甲基肼	二甲基肼[对称]	540-73-8	2382	
28	463	O,O'-二甲基硫代磷酰氯	二甲基硫代磷酰氯	2524-03-0	2267	
29	481	二甲双胍	双甲胍;马钱子碱	57-24-9	1692	
30	486	二甲氧基马钱子碱	番木鳖碱	357-57-3	1570	
31	568	2,3-二氢-2,2-二甲基苯并呋喃-7-基-N-甲基氨基甲酸酯	克百威	1563-66-2	2757	
32	572	2,6-二噻-1,3,5,7-四氮三环-[3,3,1,1,3,7]癸烷-2,2,6,6-四氧化物	毒鼠强	80-12-6		

附 录

剧毒化学品目录（2015年版）

续上表

序号	原表目录编号	名　　称	别　　名	CAS号	参考UN	参考包装类别
33	648	S-[2-(二乙氨基)乙基]-O,O-二乙基硫赶磷酸酯	胺吸磷	78-53-5	3018	
34	649	N-二乙氨基乙基氯	2-氯乙基二乙胺	100-35-6	2810	
35	654	O,O-二乙基-N-(1,3-二硫戊环-2-亚基)磷酰胺[含量>15%]	2-(二乙氧基磷酰亚氨基)-1,3-二硫戊环;硫环磷	947-02-4	3018	
36	655	O,O-二乙基-N-(4-甲基-1,3-二硫戊环-2-亚基)磷酰胺[含量>5%]	二乙基(4-甲基-1,3-二硫戊环-2-叉氨基)磷酸酯;地胺磷	950-10-7	3018	
37	656	O,O-二乙基-N-1,3-二噻丁环-2-亚基磷酰胺	丁硫环磷	21548-32-3	3018	
38	658	O,O-二乙基-O-(2-乙硫基乙基)硫代磷酸酯与O,O-二乙基-S-(2-乙硫基乙基)硫代磷酸酯的混合物[含量>3%]	内吸磷	8065-48-3	3018	
39	660	O,O-二乙基-O-(4-甲基香豆素基-7)硫代磷酸酯	扑杀磷	299-45-6	2811	
40	661	O,O-二乙基-O-(4-硝基苯基)磷酸酯	对氧磷	311-45-5	3018	
41	662	O,O-二乙基-O-(4-硝基苯基)硫代磷酸酯[含量>4%]	对硫磷	56-38-2	3018	
42	665	O,O-二乙基-O-[2-氯-1-(2,4-二氯苯基)乙烯基]磷酸酯[含量>20%]	2-氯-1-(2,4-二氯苯基)乙烯基二乙基磷酸酯;毒虫畏	470-90-6	3018	
43	667	O,O-二乙基-O-2-吡嗪基硫代磷酸酯[含量>5%]	虫线磷	297-97-2	3018	
44	672	O,O-二乙基-S-(2-乙硫基乙基)二硫代磷酸酯[含量>15%]	乙拌磷	298-04-4	3018	
45	673	O,O-二乙基-S-(4-甲基亚磺酰基苯基)硫代磷酸酯[含量>4%]	丰索磷	115-90-2	3018	
46	675	O,O-二乙基-S-(对硝基苯基)硫代磷酸	硫代磷酸-O,O-二乙基-S-(4-硝基苯基)酯	3270-86-8	3018	

续上表

序号	原表目录编号	名称	别名	CAS号	参考UN	参考包装类别
47	676	O,O-二乙基-S-(乙硫基甲基)二硫代磷酸酯	甲拌磷	298-02-2	3018	
48	677	O,O-二乙基-S-(异丙基氨基甲酰甲基)二硫代磷酸酯[含量>15%]	发硫磷	2275-18-5	3018	
49	679	O,O-二乙基-S-氯甲基二硫代磷酸酯[含量>15%]	氯甲硫磷	24934-91-6	3018	
50	680	O,O-二乙基-S-叔丁基硫甲基二硫代磷酸酯	特丁硫磷	13071-79-9	3018	
51	692	二乙基汞	二乙汞	627-44-1	2929	
52	732	氟		7782-41-4	1045	
53	780	氟乙酸	氟醋酸	144-49-0	2642	
54	783	氟乙酸甲酯		453-18-9		
55	784	氟乙酸钠	氟醋酸钠	62-74-8	2629	
56	788	氟乙酰胺		640-19-7	2811	
57	849	癸硼烷	十硼烷;十硼氢	17702-41-9	1868	
58	1008	4-己烯-1-炔-3-醇		10138-60-0	2810	
59	1041	3-(1-甲基-2-四氢吡咯基)吡啶硫酸盐	硫酸化烟碱	65-30-5	1658	
60	1071	2-甲基-4,6-二硝基酚	4,6-二硝基邻甲苯酚;二硝酚	534-52-1	1598	
61	1079	O-甲基-S-甲基-硫代磷酰胺	甲胺磷	10265-92-6	2783	
62	1081	O-甲基氨基甲酰基-2-甲基-2-(甲硫基)丙醛肟	涕灭威	116-06-3	2771	
63	1082	O-甲基氨基甲酰基-3,3-二甲基-1-(甲硫基)丁醛肟	O-甲基氨基甲酰基-3,3-二甲基-1-(甲硫基)丁醛肟;久效威	39196-18-4	2771	
64	1097	(S)-3-(1-甲基吡咯烷-2-基)吡啶	烟碱;尼古丁;1-甲基-2-(3-吡啶基)吡咯烷	1954-11-5	2771	
65	1126	甲基磺酰氯	氯化硫酰甲烷;甲烷磺酰氯	124-63-0	3246	
66	1128	甲基肼	一甲肼;甲基联氨	60-34-4	1244	
67	1189	甲烷磺酰氟	甲磺氟酰;甲基磺酰氟	558-25-8	2927	

附 录

剧毒化学品目录（2015年版）

续上表

序号	原表目录编号	名　称	别　名	CAS号	参考UN	参考包装类别
68	1202	甲藻毒素（二盐酸盐）	石房蛤毒素（盐酸盐）	35523-89-8	3172	
69	1236	抗霉素A		1397-94-0	3172	
70	1248	镰刀菌酮X		23255-69-8		
71	1266	磷化氢	磷化三氢；膦	7803-51-2	2199	
72	1278	硫代磷酰氯	硫代氯化磷酰；三氯化硫磷；三氯硫磷	3982-91-0	1837	
73	1327	硫酸三乙基锡		57-52-3	3146	
74	1328	硫酸铊	硫酸亚铊	7446-18-6	1707	
75	1332	六氟-2,3-二氯-2-丁烯	2,3-二氯六氟-2-丁烯	303-04-8	2927	
76	1351	(1R,4S,4aS,5R,6R,7S,8S,8aR)-1,2,3,4,10,10-六氯-1,4,4a,5,6,7,8,8a-八氢-6,7-环氧-1,4,5,8-二亚甲基萘[含量2%~90%]	狄氏剂	60-57-1	2761	
77	1352	(1R,4S,5R,8S)-1,2,3,4,10,10-六氯-1,4,4a,5,6,7,8,8a-八氢-6,7-环氧-1,4;5,8-二亚甲基萘[含量>5%]	异狄氏剂	72-20-8	2761	
78	1353	1,2,3,4,10,10-六氯-1,4,4a,5,8,8a-六氢-1,4-挂-5,8-挂二亚甲基萘[含量>10%]	异艾氏剂	465-73-6	2761	
79	1354	1,2,3,4,10,10-六氯-1,4,4a,5,8,8a-六氢-1,4;5,8-桥,挂-二甲撑萘[含量>75%]	六氯-六氢-二甲撑萘；艾氏剂	309-00-2	2761	
80	1358	六氯环戊二烯	全氯环戊二烯	77-47-4	2646	
81	1381	氯	液氯；氯气	7782-50-5	1017	
82	1422	2-[(RS)-2-(4-氯苯基)-2-苯基乙酰基]-2,3-二氢-1,3-茚二酮[含量>4%]	2-(苯基对氯苯基乙酰)茚满-1,3-二酮；氯鼠酮	3691-35-8	2761	
83	1442	氯代膦酸二乙酯	氯化磷酸二乙酯	814-49-3		
84	1464	氯化汞	氯化高汞；二氯化汞；升汞	7487-94-7	1624	
85	1476	氯化氰	氰化氯；氯甲腈	506-77-4	1589	

续上表

序号	原表目录编号	名 称	别 名	CAS号	参考UN	参考包装类别
86	1502	氯甲基甲醚	甲基氯甲醚;氯二甲醚	107-30-2	1239	
87	1509	氯甲酸甲酯	氯碳酸甲酯	79-22-1	1238	
88	1513	氯甲酸乙酯	氯碳酸乙酯	541-41-3	1182	
89	1549	2-氯乙醇	乙撑氯醇;氯乙醇	107-07-3	1135	
90	1637	2-羟基丙腈	乳腈	78-97-7	2810	
91	1642	羟基乙腈	乙醇腈	107-16-4	2810	
92	1646	羟间唑啉(盐酸盐)		2315-2-8		
93	1677	氰胍甲汞	氰甲汞胍	502-39-6	2025	
94	1681	氰化镉		542-83-6	2570	
95	1686	氰化钾	山奈钾	151-50-8	1680	
96	1688	氰化钠	山奈	143-33-9	1689	
97	1693	氰化氢	无水氢氰酸	74-90-8	1051	
98	1704	氰化银钾	银氰化钾	506-61-6	1588	
99	1723	全氯甲硫醇	三氯硫氯甲烷;过氯甲硫醇;四氯硫代碳酰	594-42-3	1670	
100	1735	乳酸苯汞三乙醇铵		23319-66-6	2026	
101	1854	三氯硝基甲烷	氯化苦;硝基三氯甲烷	1976-6-2		
102	1912	三氧化二砷	白砒;砒霜;亚砷酸酐	1327-53-3	1561	
103	1923	三正丁胺	三丁胺	102-82-9	2542	
104	1927	砷化氢	砷化三氢;胂	7784-42-1	2188	
105	1998	双(1-甲基乙基)氟磷酸酯	二异丙基氟磷酸酯;丙氟磷	55-91-4	3018	
106	1999	双(2-氯乙基)甲胺	氮芥;双(氯乙基)甲胺	51-75-2	2810	
107	2000	5-[(双(2-氯乙基)氨基]-2,4-(1H,3H)嘧啶二酮	尿嘧啶芳芥;嘧啶苯芥	66-75-1	3249	
108	2003	O,O-双(4-氯苯基)N-(1-亚氨基)乙基硫代磷酸胺	毒鼠磷	4104-14-7	2783	
109	2005	双(二甲胺基)磷酰氟[含量>2%]	甲氟磷	115-26-4	3018	
110	2047	2,3,7,8-四氯二苯并对二噁英	二噁英;2,3,7,8-TCDD;四氯苯二噁英	1746-01-6	2811	
111	2067	3-(1,2,3,4-四氢-1-萘基)-4-羟基香豆素	杀鼠醚	5836-29-3	3027	

附 录
剧毒化学品目录（2015年版）

续上表

序号	原表目录编号	名 称	别 名	CAS号	参考UN	参考包装类别
112	2078	四硝基甲烷		509-14-8	1510	
113	2087	四氧化锇	锇酸酐	20816-12-0	2471	
114	2091	O,O,O′,O′-四乙基二硫代焦磷酸酯	治螟磷	3689-24-5	1704	
115	2092	四乙基焦磷酸酯	特普	107-49-3	3018	
116	2093	四乙基铅	发动机燃料抗爆混合物	78-00-2	1649	
117	2115	碳酰氯	光气	75-44-5	1076	
118	2118	羰基镍	四羰基镍；四碳酰镍	13463-39-3	1259	
119	2133	乌头碱	附子精	302-27-2	1544	
120	2138	五氟化氯		13637-63-3	2548	
121	2144	五氯苯酚	五氯酚	87-86-5	3155	
122	2147	2,3,4,7,8-五氯二苯并呋喃	2,3,4,7,8-PCDF	57117-31-4		
123	2153	五氯化锑	过氯化锑；氯化锑	7647-18-9	1730	
124	2157	五羰基铁	羰基铁	13463-40-6	1994	
125	2163	五氧化二砷	砷酸酐；五氧化砷；氧化砷	1303-28-2	1559	
126	2177	戊硼烷	五硼烷	19624-22-7	1380	
127	2198	硒酸钠		13410-01-0	2630	
128	2222	2-硝基-4-甲氧基苯胺	枣红色基GP	96-96-8		
129	2413	3-[3-(4′-溴联苯-4-基)-1,2,3,4-四氢-1-萘基]-4-羟基香豆素	溴鼠灵	56073-10-0	3027	
130	2414	3-[3-(4-溴联苯-4-基)-3-羟基-1-苯丙基]-4-羟基香豆素	溴敌隆	28772-56-7	3027	
131	2460	亚砷酸钙	亚砒酸钙	27152-57-4	1574	
132	2477	亚硒酸氢钠	重亚硒酸钠	7782-82-3	2630	
133	2527	盐酸吐根碱	盐酸依米丁	316-42-7	1544	
134	2533	氧化汞	一氧化汞；黄降汞；红降汞	21908-53-2	1641	
135	2549	一氟乙酸对溴苯胺		351-05-3		
136	2567	乙撑亚胺	吖丙啶；1-氮杂环丙烷；氮丙啶	151-56-4	1185	

续上表

序号	原表目录编号	名 称	别 名	CAS号	参考UN	参考包装类别
137	2588	O-乙基-O-(4-硝基苯基)苯基硫代膦酸酯[含量>15%]	苯硫膦	2104-64-5	3018	
138	2593	O-乙基-S-苯基乙基二硫代膦酸酯[含量>6%]	地虫硫膦	944-22-9	3018	
139	2626	乙硼烷	二硼烷	19287-45-7	1911	
140	2635	乙酸汞	乙酸高汞;醋酸汞	1600-27-7	1629	
141	2637	乙酸甲氧基乙基汞	醋酸甲氧基乙基汞	151-38-2	2025	
142	2642	乙酸三甲基锡	醋酸三甲基锡	1118-14-5	2788	
143	2643	乙酸三乙基锡	三乙基乙酸锡	1907-13-7	2788	
144	2665	乙烯砜	二乙烯砜	77-77-0	2927	
145	2671	N-乙烯基乙撑亚胺	N-乙烯基氮丙环	5628-99-9	2810	
146	2685	1-异丙基-3-甲基吡唑-5-基N,N-二甲基氨基甲酸酯[含量>20%]	异索威	119-38-0	2992	
147	2718	异氰酸苯酯	苯基异氰酸酯	103-71-9	2487	
148	2723	异氰酸甲酯	甲基异氰酸酯	624-83-9	2480	

注:1. 有的剧毒化学品不是危险货物,故其没有"参考用的UN(联合国编号)"和第8栏"参考包装类别";

2. 含磷农药剧毒品(液体形式为UN 3018),若存在固态形式,对应UN编号为UN 2783。